thèmes & études
collection dirigée par Bernard Valette

Madame de Staël

Béatrice Didier
Professeur à l'École Normale Supérieure (Ulm-Sèvres)

Dans la même collection

* *L'Autobiographie* par Damien Zanone.
* *« La vie est un songe » de Calderón* par Pierre Brunel.
* *Albert Camus* par Franck Evrard.
* *La Clef des contes* par Christophe Carlier.
* *Chateaubriand* par Béatrice Didier.
* *L'Épopée* par Georges Bafaro.
* *Gustave Flaubert* par Franck Evrard et Bernard Valette.
* *Initiation à la stylistique* par Claire Stolz.
* *Jean Giono* par Christophe Pradeau.
* *Victor Hugo* par Franck Bellucci.
* *Lectures méthodiques* par Nathalie Albou et Françoise Rio.
* *Littérature baroque et Littérature classique au XVIIe siècle* par Paul-Henry Rojat.
* *Littérature et Psychanalyse* par Paul-Laurent Assoun.
* *Littérature et Sensibilité* par Florence Lotterie.
* *Maîtriser le vocabulaire français* par Véronique Anglard.
* *Des mythes aux mythologies* par Christophe Carlier et Nathalie Griton-Rotterdam.
* *La Nouvelle* par Philippe Andrès.
* *Parnasse, Symbolisme, Esprit nouveau* par Laurence Campa.
* *La Poésie en France du surréalisme à nos jours* par Marie-Claire Bancquart.
* *La Rhétorique et l'étude des textes* par Christine Noille-Clauzade.
* *Le Roman français au XVIIIe siècle* par Béatrice Didier.
* *Le Roman grec et latin* par Étienne Wolff.
* *Le Nouveau Roman* par Roger-Michel Allemand.
* *Le Roman réaliste et naturaliste* par Georges Bafaro.
* *Le Romantisme* par Gérard Gengembre.
* *Madame de Staël* par Béatrice Didier.
* *Stendhal* par Béatrice Didier.
* *Le Surréalisme* par Aude Préta-de Beaufort.
* *Le Théâtre antique* par Olivier Got.
* *Le Théâtre français du XVIIIe siècle* par André Blanc.
* *Le Théâtre français du XIXe siècle* par Louis Arsac.
* *Le Théâtre français du XXe siècle* par Franck Evrard.

ISBN 2-7298-5989-6

© Ellipses Édition Marketing S.A., 1999
32, rue Bargue 75740 Paris cedex 15

Le Code de la propriété intellectuelle n'autorisant, aux termes de l'article L 122-5 2° et 3°a), d'une part, que les « copies ou reproductions strictement réservées à l'usage privé du copiste et non destinées à une utilisation collective », et d'autre part, que les analyses et les courtes citations dans un but d'exemple et d'illustration, « toute représentation ou reproduction intégrale ou partielle faite sans le consentement de l'auteur ou de ses ayants droit ou ayants cause est illicite » (Art L 122-4)
Cette représentation ou reproduction, par quelque procédé que ce soit constituerait une contrefaçon sanctionnée par les articles L 335-2 et suivants du Code la propriété intellectuelle

Introduction

La postérité a tendance à ne retenir d'un écrivain que quelques œuvres. Disons, pour Mme de Staël : *Corinne* et *De l'Allemagne*. Ce livre voudrait, malgré ses proportions modestes, donner une idée de la variété de cette œuvre que l'on peut maintenant mieux connaître grâce aux études et aux publications qui se sont multipliées ces dernières années.

Nous avons, pour la clarté de l'exposé, distingué trois massifs : celui de l'engagement politique où Histoire et expression du moi sont étroitement liés ; celui de la fiction, essentiellement, mais pas uniquement romanesque : d'autres registres ont tenté Mme de Staël, même si *Delphine* et *Corinne* seules demeurent ; enfin la réflexion sur la littérature qui est peut-être le domaine le plus neuf dans l'œuvre de Mme de Staël, celui qui se révélera le plus fécond chez les générations qui la suivront.

On voit que cet ordre n'est pas chronologique, les trois registres s'entremêlent et coexistent au long de sa vie : il suffira de se reporter à sa biographie pour rétablir la chronologie. Mais il subsiste une autre difficulté : Mme de Staël n'hésite pas à introduire des considérations sur la littérature dans un écrit politique ou dans un roman. Tout se répond et se correspond dans son œuvre. Être amené à distinguer des registres ne doit pas obliger à refuser d'entendre ces échos qui d'un texte à un autre assurent l'unité très forte d'une pensée et d'une personnalité.

Elle a fasciné — ou exaspéré — ses contemporains, en raison même de la force de sa personnalité, force interne, mais aussi force d'attraction qui fait de son salon parisien, puis de Coppet, puis de tous les lieux d'Europe où elle se transporte, autant de petites cours où sa personnalité rayonne. Peut-être parce qu'elle est femme, à une époque où les femmes écrivains sont encore rares, de son vivant et longtemps encore après sa mort, on ne distingue guère son œuvre de son personnage. Peu à peu cependant son œuvre l'emporte et elle demeure dans ces toutes premières années du XIXe siècle, un phare dont les rayons se propagent dans des directions diverses. Les femmes de la génération suivante, les Françaises, mais aussi des Allemandes, des Anglaises, trouvent dans son exemple une incitation et presque une autorisation à écrire. Elle devient aussi un symbole de courage politique, dans la défense de la liberté, elle déconstruit le mythe de Napoléon au moment même où il est en train de se construire : elle nous met en garde contre le pouvoir des mythes politiques. Enfin elle crée une géographie littéraire et culturelle de l'Europe, avec l'opposition nord/sud dont nous dépendons encore, même si l'on peut lire aussi chez elle avec les textes sur la Russie, un clivage est/ouest. Son discours sur l'Italie, sur l'Allemagne peuvent sembler trop systématiques, et auront à être affinés par la suite : il n'empêche qu'ils ont eu un rôle moteur dans la réflexion sur l'Europe et sur les rapports entre la littérature, le climat, les civilisations.

Première partie

Madame de Staël, l'Histoire et son histoire

Necker et l'Ancien Régime

Il semble difficile quand on est né en 1766 et que l'on meurt en 1817, c'est-à-dire quand on a connu l'Ancien Régime, la Révolution, le Consulat, l'Empire et la Restauration, de rester indifférent à une Histoire aussi mouvementée ; Germaine de Staël, fille du ministre Necker, ambassadrice de Suède, persécutée par Napoléon, a vécu plus intensément encore que d'autres l'histoire de son temps.

Germaine Necker

Le père de Germaine de Staël, Jacques Necker, était genevois ; il était venu à Paris en 1747 ; il travailla avec le banquier genevois Vernet, et devint lui-même un important banquier, co-directeur de la banque Thélusson. On sait le rôle croissant des banquiers pendant tout le XVIIIe siècle. On ne s'étonnera donc pas de voir Necker occuper des places importantes. En 1767, il est ministre de la république de Genève auprès du roi de France, en 1768, directeur de la puissante Compagnie des Indes. Il est appelé comme directeur des finances adjoint en 1776, directeur général de 1777 à 1781. Mais la situation financière de la monarchie est particulièrement difficile ; il faudrait faire des réformes profondes et les privilégiés défendent farouchement leurs avantages. Necker suscite l'opposition des parlements et de la cour en créant des assemblées provinciales chargées d'établir l'impôt et en recourant à l'emprunt. Il doit démissionner et s'exiler, pour avoir révélé l'ampleur de la dette publique et la charge que représentent pour l'État les dépenses des privilégiés. Il s'attire ainsi une grande popularité du Tiers-État et à la veille de la Révolution, en 1788, devant l'urgence de la situation, il est rappelé et revient triomphalement ; mais il est trop tard. Il fait décider la réunion des États généraux. Son renvoi le 11 juillet contribue aux mouvements du 14 juillet ; il est à nouveau rappelé le 16, mais devra démissionner en septembre 1790 : il ne peut plus rien faire.

Cette grande figure de la fin de l'Ancien Régime avait de quoi intéresser un historien ; à plus forte raison quand il s'agit d'une fille qui entretient un rapport affectif très fort avec son père. Mme de Staël lui a consacré des pages ferventes et qui appartiennent à divers registres. D'abord à celui de l'Histoire : elle publie en 1804, *Du caractère de M. Necker et de sa vie privée*, préface à la publication des *Manuscrits de M. Necker*. Il s'agit d'un texte écrit sous le choc de sa mort (9 avril 1804), mais dont des vues plus générales ne sont pas absentes ; ce sont ces vues qui prédominent dans les *Considérations sur la Révolution française* qui ne seront publiées qu'à titre posthume (1818). Sur un registre strictement privé, le Journal tenu par Germaine pendant son adolescence contient des confidences sur la violence même de ce lien affectif qui l'unit à son père. Enfin la figure paternelle réapparaît sur le miroir romanesque et nous aurons l'occasion de voir comment elle est obsédante dans divers écrits et surtout dans *Corinne*.

Mme de Staël qui n'a pas été mise en garde par la psychanalyse, écrit tout simplement dans son Journal, le 31 juillet 1785 : « De tous les hommes de la terre, c'est lui que j'aurais souhaité pour amant : qu'il faut qu'il soit distingué pour que sans amour je le trouve digne d'amour ». Mais elle note quelques lignes plus haut que la force même de ce sentiment crée entre eux une gêne : « D'où vient que nous sommes inégalement ensemble, que tantôt c'est de la passion, tantôt de la froideur ; d'où vient que quelquefois je lui trouve des défauts de caractère qui nuisent à la douceur intérieure de la vie ; c'est qu'il voudrait que je l'aimasse comme un amant et qu'il me parle pourtant comme un père ; c'est que je voudrais qu'il m'enviât comme un amant, et que j'agis pourtant comme une fille. C'est le combat de ma passion pour lui et des penchants de mon âge dont il voudrait le sacrifice entier qui me rend malheureuse. » Dès ce journal de 1785, elle exprime un vœu : « Je veux essayer un jour de faire son portrait, mais il faudrait pour réussir avoir toutes les qualités qu'il faut peindre, c'est-à-dire une sorte d'universalité. » (Journal de jeunesse de Mme de Staël, *Occident et Cahiers staëliens*, 1930-1932)

Du caractère de M. Necker, écrit pour défendre la mémoire de son père, annonce un projet plus vaste : « Je me propose un jour, si mon esprit se relève du coup qui a pour jamais détruit mon bonheur, d'écrire la vie publique de mon père comme ministre et comme écrivain ; mais cette vie étant nécessairement liée tout entière à la plus grande époque de l'histoire européenne, à la révolution de la France, je renvoie à d'autres temps un travail qui pourrait réveiller les passions haineuses que la mort a désarmées. » Ce projet, elle le réalisera dans les *Considérations* d'où les confidences ne sont cependant pas absentes et en particulier celle-ci qui nous révèle une clé fondamentale du caractère de Mme de Staël et en quelque sorte sa constance : « Tout ce que m'a dit M. Necker est ferme en moi comme le rocher ; tout ce que j'ai gagné par moi-même peut disparaître ; l'identité de mon être est dans l'attachement que je garde à sa mémoire. » (*Considérations sur la Révolution française*, Tallandier, 1983, p. 389)

Les philosophes des Lumières

Quand la Révolution éclate, Germaine a vingt-trois ans, c'est dire que sa première formation a été faite sous l'Ancien Régime. Sa mère, Suzanne Curchod, avec qui Germaine semble avoir eu moins d'intimité qu'avec son père, est la fille d'un pasteur vaudois ; elle est d'un caractère austère et angoissé, mais devenue en 1764 la femme de Necker, elle se doit d'avoir un salon brillant. En 1778 elle emmène la jeune Germaine rendre visite à Voltaire. Elle réunit chez elle les Philosophes. Les dîners du vendredi sont célèbres : on y voit Diderot, d'Alembert, les encyclopédistes, Helvétius, Buffon, les grandes « salonnières » : Mme Geoffrin, Mme du Deffand, Mlle de Lespinasse, et aussi une génération plus jeune : Marmontel, Suard, Mably, Bernardin de Saint-Pierre.

La grande génération des encyclopédistes est décimée avant que sonne la Révolution, et Diderot meurt en 1784, lorsque Germaine n'a que dix-huit ans ; l'influence des Philosophes sur elle relève de ses lectures, plus encore que des rencontres qu'elle a pu faire dans le salon de sa mère. Comme tous les écrivains, Germaine est d'abord une lectrice passionnée. Comme Chateaubriand, comme Senancour, elle a puisé sa manne chez les Philosophes, mais, à la différence de René, elle ne se désolidarisera jamais d'eux. Ses lectures sont précoces, Simone Balayé pense qu'elle lut Montesquieu dès l'âge de douze ans (cf. *Mme de Staël. Lumières et liberté*, Klincksieck, 1979, p. 13). Les enfants d'alors, contrairement à une opinion reçue, étaient plus mûrs que ceux de nos jours, en tout cas moins distraits par d'autres médias que le livre.

Lettres sur les ouvrages et le caractère de J.-J. Rousseau

Germaine est bien de son temps aussi par la passion que suscite en elle la lecture de Rousseau. Elle publie cet essai à l'âge de vingt-deux ans, mais dit l'avoir écrit dès dix-huit. Son contact avec l'œuvre de Rousseau est plus ancien encore. Jean-Jacques connaît une vogue immense dans ces années qui précèdent la Révolution, vogue qui se poursuivra après 1789. Ses idées politiques, sa sensibilité, l'importance du *Contrat social*, de *La Nouvelle Héloïse* ont de quoi fasciner la jeune fille. Les origines suisses de la famille Necker sont encore une raison de plus pour aimer le « citoyen de Genève » et la famille Necker est en relation avec plusieurs amis de Rousseau, ainsi Moultou. Germaine avait rencontré Mme d'Houdetot, et Mme Boufflers ne fut pas étrangère au mariage de Germaine avec le baron de Staël. Mme Necker avait parlé de Jean-Jacques Rousseau dans ses *Mélanges* avec enthousiasme, mais non sans émettre quelques réserves. Tout portait donc Germaine à consacrer à Rousseau un de ses premiers écrits. « J'ai senti le besoin de voir mon admiration exprimée » (*Lettres sur les ouvrages et le caractère de J.-J. Rousseau*, Slatkine reprints, 1979, p. III), écrit-elle dans la préface. Dans l'avertissement qu'elle donnera pour la seconde édition : « Il m'importait de constater, en réimprimant ces lettres telles qu'elles étaient il y a dix ans, qu'avant la Révolution j'étais enthousiaste de toutes les idées politiques qui doivent fonder la République en France. » (*Lettres sur les ouvrages et le caractère de J.-J. Rousseau*, p. V)

Il s'agit, en effet, d'une suite de six lettres. La première : « Du style de Rousseau, et de ses premiers discours sur les sciences, l'inégalité des conditions et le danger des spectacles » ; la seconde : « D'Héloïse » ; la troisième « D'Émile » ; la quatrième : « Sur les Ouvrages politiques de Rousseau » ; la cinquième : « Sur le goût pour la Musique et pour la Botanique » ; la sixième : « Sur le caractère de Rousseau » et sur *Les Confessions* (dont alors la première partie seule est publiée ; la seconde le sera en 1789). On voit donc que cet essai, quoique bref, aborde les aspects essentiels de l'œuvre, tout en manifestant une sorte d'idéalisation sentimentale qui entoure l'image de Rousseau à la veille de la Révolution ; une certaine distance critique est maintenue cependant par la très jeune écrivain.

Rousseau « voulait ramener les hommes à une sorte d'état, dont l'âge d'or de la fable donne seul l'idée, également éloigné des inconvénients de la barbarie et de ceux de la civilisation. Ce projet sans doute est une chimère ; mais les alchimistes, en cherchant la pierre philosophale, ont découvert des secrets vraiment utiles. » (*Lettres sur les ouvrages et le caractère de J.-J. Rousseau*, p. 3-4) Dans le second discours, « avec quelle finesse Rousseau suit les progrès des idées des hommes ! comme il inspire de l'admiration pour les premiers pas de l'esprit humain, et de l'étonnement pour le concours de circonstances qui pût les lui faire faire, comme il trace la route de la pensée, compose son histoire. » (*ibid.*, p. 8) À juste titre, Mme de Staël a été attentive à l'analyse de cette genèse de la pensée par Rousseau, à cette « archéologie » de l'esprit humain qui retiendra aussi un Derrida dans *De la grammatologie*, et qui est bien la partie la plus intéressante du second discours.

La lettre contre l'établissement des spectacles à Genève a frappé Germaine ; elle y voit les séductions de la rhétorique de Rousseau, et pense que si ces idées sont justes pour une république, elles doivent être tempérées pour une monarchie. Il ne s'agit pas seulement des spectacles, mais d'un sujet qui lui tiendra à cœur toute sa vie, celui du rôle des femmes ; Rousseau veut les priver de toute action politique, mais, pense Germaine, dans une monarchie, leur rôle est utile, car elles gardent plus d'indépendance envers le pouvoir. Enfin à partir d'une note de Rousseau, elle aborde la question des femmes-écrivains que Rousseau condamne, ce qui inspire ce sursaut d'indignation à Germaine : « cet abandon sublime, cette mélancolique douleur, ces sentiments tout-puissants, qui les font vivre et mourir, porteraient peut-être plus avant l'émotion dans le cœur des lecteurs que tous les transports de l'imagination exaltée des poètes et des amants. » (*Lettres sur les ouvrages et le caractère de J.-J. Rousseau*, p. 17)

L'adhésion de Germaine est plus complète pour *La Nouvelle Héloïse* que pour les discours. Mais là encore l'analyse et la revendication se mêlent, dans les critiques qu'elle formule contre l'éducation et les mœurs matrimoniales de l'Ancien Régime. L'adhésion au texte de Rousseau n'est pas totale. « Je ne puis supporter, par exemple, la méthode que Julie met quelquefois dans sa passion » (*Lettres sur les ouvrages et le caractère de J.-J. Rousseau*, p. 41) ; les plaisanteries de Claire sont lourdes ; mais les tableaux de la nature, le pathétique de la dernière lettre de Julie ont bouleversé la jeune lectrice.

L'étude de l'*Émile* est critique également, et en particulier, comme on pouvait s'y attendre en ce qui concerne l'éducation de Sophie : « Rousseau voulait élever la femme comme l'homme d'après la Nature, et suivant les différences qu'elle a mises entre eux ; mais je ne sais pas s'il faut tant la seconder, en fortifiant pour ainsi dire les femmes dans leur faiblesse. » (*ibid.*, p. 63) Mais « Quel chef-d'œuvre d'éloquence dans le sentiment, de métaphysique dans les preuves, que la profession de foi du Vicaire Savoyard ! Rousseau était le seul homme de génie de son temps qui respectât les pieuses pensées, dont nous avons tant de besoin ; il consulte l'instinct naturel, et consacre ensuite toute la force de la réflexion à le prouver à sa raison. » (*ibid.*, p. 72)

L'étude du *Contrat social* est l'occasion d'un parallèle entre Montesquieu et Rousseau. « Montesquieu est plus utile aux sociétés formées, Rousseau le serait davantage à celles qui voudraient se rassembler pour la première fois. » (*ibid.*, p. 79) Elle s'adresse alors à Rousseau, dans une prosopopée où elle voit s'annoncer les débuts de la Révolution : « Que n'es-tu le témoin du spectacle imposant que va donner la France, d'un grand événement préparé d'avance, et dont, pour la première fois, le hasard ne se mêlera point. Renais donc, ô Rousseau ! renais donc de ta cendre ! » (*ibid.*, p. 84-85)

Dans la lettre qu'elle consacre au musicien, Mme de Staël met justement l'accent, non pas sur le *Devin du Village*, mais sur une œuvre plus originale, *Pygmalion*, et surtout sur les romances de Rousseau. L'évocation des travaux de Rousseau botaniste permet une transition toute naturelle avec *Les Confessions*, grâce à la place que donne Rousseau à l'épisode où la vue d'une pervenche fait renaître toute une période de sa vie avec Mme de Warens.

Le chapitre sur *Les Confessions* est une défense contre les attaques que ce livre avait suscitées (impudeur, hypocrisie, etc.), et se termine par une évocation poétique d'Ermenonville, lieu de tant de pèlerinages au moment où Mme de Staël écrit. « C'est dans une île que son urne funéraire est placée : on n'en approche pas sans dessein, et le sentiment religieux qui fait traverser le lac qui l'entoure, prouve que l'on est digne d'y porter son offrande. Je n'ai point jeté des fleurs sur cette triste tombe : je l'ai longtemps considérée les yeux baignés de pleurs : je l'ai quittée en silence, et je suis restée plongée dans la profondeur de la rêverie. » (*ibid.*, p. 124-125)

Ce premier texte important de Mme de Staël est certes marqué par la sensibilité de son époque, mais révèle déjà une forte personnalité chez ce tout jeune auteur et S. Balayé conclut fort justement : « Cette étude sur Rousseau, la plus remarquable sans doute à cette époque, est bien une manière de réfléchir sur elle-même en allant à la rencontre de l'écrivain qui la touche de plus près. Que ce soit le premier écrit qu'elle publie est significatif. » (*Mme de Staël. Lumières et liberté, op. cit.*, p. 28)

L'Ancien Régime

Les premiers écrits politiques de Mme de Staël paraîtront après 1789, mais sans cesse cet avant 1789 est présent à son esprit et la représentation des événements auxquels elle va assister et sur lesquels elle prend parti se construit par rapport à ou contre ce passé qu'elle a connu ; celui-ci revient aussi sous une forme romanesque par la présence de certains personnages dans *Delphine* et dans *Corinne*, ainsi le comte d'Erfeuil. Elle s'est exprimée à plusieurs reprises sur la monarchie et la société à la veille de la Révolution ; mais c'est peut-être dans les *Considérations sur la Révolution française*, ouvrage posthume, que l'on trouve, à la faveur de l'évocation des années qui précèdent 1789 et du rôle de Necker, le tableau le plus complet de cet Ancien Régime prêt à s'effondrer. Le chapitre XI de la 1re partie pose la question : « Y avait-il une constitution en France avant la révolution ? », s'interroge sur la puissance des parlements, sur l'injuste répartition de l'impôt, et conclut qu'une révolution était une nécessité. Les premières lignes de l'ouvrage l'affirmaient fortement : « La révolution de France est une des grandes époques de l'ordre social. Ceux qui la considèrent comme un événement accidentel n'ont porté leur regard ni sur le passé, ni dans l'avenir. Ils ont pris les acteurs pour la pièce ; et, afin de satisfaire leurs passions, ils ont attribué aux hommes du moment ce que les siècles avaient préparé. » (*Considérations sur la Révolution française*, Tallandier, p. 63)

La Révolution

Les événements

Mme de Staël s'est trouvée aux premières loges. En janvier 1786 elle avait épousé M. de Staël ; le mariage avait été célébré à la chapelle de l'ambassade de Suède ; le 31 janvier elle a été présentée à la cour. Le 4 mai 1789, elle assiste à la procession solennelle pour l'Ouverture des États généraux ; le 30 juillet, c'est le retour triomphal de son père. En 1791, elle assiste à la fête de la Fédération ; dans son salon se rencontrent les modérés et elle fréquente Sieyès, on y parle beaucoup de la nouvelle constitution en cours d'élaboration.

Mme de Staël est la maîtresse de Narbonne et travaille à le faire entrer dans le gouvernement ; elle parvient en décembre 1791 à le faire nommer ministre de la Guerre. Mais dès le 9 mars 1792, Narbonne est renvoyé, et le ministère tombe sous les coups d'une campagne menée à la fois par les Girondins et par Mme de Staël. En 1792, Mme de Staël, Malouet et Narbonne proposent au roi un plan d'évasion, mais la reine le refuse. Mme de Staël qui a risqué d'être massacrée place de l'Hôtel de Ville en septembre 1792, va aller en Angleterre ; elle y retrouve des amis qui tous ont eu un rôle politique : Narbonne, Talleyrand, Montmorency, Lally-Tollendal.

Elle retourne en Suisse d'où elle s'occupera activement de faire sortir des amis de France pendant la Terreur. En septembre 1794, elle a rencontré Benjamin Constant ; en mai 1795, ils rentrent à Paris, elle rouvre son salon, mais le Comité de salut public l'exile et elle ne sera autorisée à rentrer en France qu'à la fin de 1796. Sans vouloir suivre en détail ses allées et venues entre la France et la Suisse, on remarquera quelques éléments de cette période particulièrement troublée. Mme de Staël a pu échapper à la mort, grâce à la Suisse, mais son attitude a été courageuse et elle n'a pas craint de se compromettre pour sauver des amis. À plusieurs reprises elle est interdite de séjour en France et poursuit son action depuis la Suisse.

Elle s'est trouvée liée avec des hommes politiques importants, et a eu un rôle par leur intermédiaire, en particulier avec Narbonne, Ribbing, et enfin Benjamin Constant. Amour et politique se marient pendant toute cette période, souvent tumultueusement, car si la politique alors est dangereuse, les amours de Germaine n'en sont pas moins souvent orageuses.

Enfin cette action politique s'accompagne d'une écriture et c'est ce qui nous intéresse ici. Des articles dans des journaux : celui du 16 avril 1791, dans *Les Indépendants* (« À quels signes peut-on reconnaître quelle est l'opinion de la majorité de la Nation ? ») marquerait le début de cette activité journalistique. Des brochures aussi : *Réflexions sur le procès de la Reine* en 1793 ; *Réflexions sur la paix* adressées à M. Pitt et aux Français, en 1794 ; *Réflexions sur la paix intérieure* en 1795 qui ne sont pas publiées, sans oublier qu'elle collabore très tôt avec B. Constant, ainsi pour *Des réactions politiques* qui paraît en avril 1797. Dans des œuvres qui ne sont pas uniquement politiques, la marque des événements et de la réflexion sur ces événements est sensible, ainsi dans *De l'influence des passions* qui paraît en 1796. Enfin la méditation sur la Révolution se prolongera durant toute sa vie et les *Considérations sur la Révolution française* sont nées d'une lente élaboration. Il y a donc une pensée politique de la Révolution chez Mme de Staël que l'on aimerait maintenant évoquer, il y a aussi chez elle la recherche et l'acquisition d'un style, à travers, par et pour l'engagement politique.

Les prises de position

Plusieurs pamphlets publiés par Germaine de Staël sous la Révolution, dans le feu même de l'événement, sont importants. Les *Réflexions sur le procès de la Reine, par une femme* — courageux à la date où il paraît (en août 1793, anonyme mais « tout le monde sut que madame de Staël en était l'auteur », publié en Suisse et en Angleterre) —, sont inspirées par l'horreur que provoquent chez Germaine de Staël les violences de la Terreur. Il manifeste aussi à l'endroit de Marie-Antoinette une solidarité féminine : « Ô vous, femmes de tous les pays, de toutes les classes de la société, écoutez-moi avec l'émotion que j'éprouve ! la destinée de Marie-Antoinette renferme tout ce qui peut toucher votre cœur ; si vous êtes heureuses, elle l'a été ; si vous souffrez, depuis un an, depuis plus longtemps encore toutes les peines de la vie ont déchiré son cœur ; si vous êtes sensibles, si vous êtes mères, elle a aimé de toutes les puissances de son âme [...] Je ne veux attaquer ni justifier aucun parti politique. » (*Œuvres complètes* Treuttel et Würtz[1], 1820, t. II, p. 3-4)

Les *Réflexions sur la paix* (fin 1794) représentent bien l'autre versant de sa pensée : à la chute de Robespierre, elles visent à sauver la Révolution qui, après avoir risqué de sombrer dans l'horreur des massacres, rencontre maintenant un nouveau danger : celui de voir tous ses acquis abolis par la réaction. « Il faut ramener les Français et le monde avec eux à l'ordre et à la vertu ; mais

---

1. C'est à cette édition des *Œuvres complètes* (O.C.) de Mme de Staël, publiées par son fils en 1820, que nous ferons désormais référence, sauf indication contraire.

pour y parvenir, on doit penser que ces biens sont unis à la véritable liberté ; marcher avec son siècle, et ne pas s'épuiser dans une lutte rétrograde contre l'irrésistible progrès des lumières et de la raison. » (*O.C.*, t. II, p. 50) Mme de Staël est sévère pour les émigrés qui voudraient rétablir la monarchie et défend la Déclaration des droits de l'homme et la Constitution établie par la Constituante : « La constitution de 1789, malgré ses défauts, a mille fois plus de partisans en France que l'ancien régime. » (*O.C.*, t. II, p. 55) Ses réflexions sur la paix sont adressées, pour la première partie, à M. Pitt et, pour la seconde, aux Français. Elle démontre systématiquement que la paix est nécessaire d'abord pour l'Europe (première partie), ensuite pour la France (deuxième partie).

Il s'agissait là de la fin des guerres avec les pays européens. Dans un autre texte qui suit de très près, Mme de Staël aborde plus directement la question de la guerre civile. Imprimées en 1795, les *Réflexions sur la paix intérieure* n'ont pas été mises en vente (cf. *O.C.*, t. II, p. 34, note de l'éditeur). Selon une structure semblable, Mme de Staël envisage tour à tour chacun des deux partis opposés pour essayer de leur montrer comment ils pourraient se réconcilier : Première partie : « Des royalistes amis de la liberté », deuxième partie : « Des républicains amis de l'ordre ». L'appel à la liberté est bien le thème dominant : « C'est donc au nom de cette liberté qu'il est possible de réunir le plus grand nombre de Français. » (*ibid.*, p. 93) Or « Il faut accepter la république si l'on veut conserver la liberté. » (*ibid.*, p. 112) Il faut une république avec deux chambres, la chambre des pairs doit être constituée par des propriétaires éclairés : « La propriété et les lumières ne doivent-elles pas former une aristocratie naturelle ? » (*ibid.*, p. 116) « Un gouvernement républicain composé de propriétaires, a autant d'intérêt qu'un gouvernement monarchique à contenir les non-propriétaires. » (*ibid.*, p. 120) Les *Considérations sur la Révolution française*, qui constituent un ouvrage beaucoup plus important et plus construit, plus tardif aussi, et par conséquent écrit dans un autre contexte politique, répondent bien cependant à cette double postulation qui a été celle de beaucoup d'hommes et de femmes qui, après avoir été nourris par les écrits des Philosophes, ont vécu la Révolution : défendre la liberté, mais maintenir un ordre que certains taxeront de « bourgeois » et qui s'appuie fortement sur la propriété.

Des circonstances actuelles qui peuvent terminer la Révolution a été composé en 1799, mais n'a paru qu'en 1906. En effet le 18 brumaire lui fit perdre sa raison d'être. On y retrouve les thèmes que nous venons de voir dans les *Réflexions sur la paix*, le désir d'éviter à tout prix les violences de la Révolution, de maintenir la propriété et les Lumières dans une république qui semble alors le régime adapté à la France. La politique que préconise Germaine de Staël est celle du Directoire : il s'agit de rétablir l'ordre. Elle fait l'éloge de Sieyès et recommande d'éviter les règlements de comptes meurtriers après une guerre civile.

Les *Considérations sur la Révolution française*

Le texte des *Considérations sur la Révolution française* pose de gros problèmes à ses éditeurs. En effet le livre a été publié par le fils de Mme de Staël, Auguste, et par son gendre, de Broglie, aidés par August-Wilhelm von Schlegel, à partir de manuscrits laissés par Mme de Staël. Mais cette publication est incomplète, et d'après S. Balayé, il existe « une masse considérable de manuscrits » dans des collections particulières, à côté du manuscrit de la Bibliothèque Nationale (N.a.fr. 14606-14608) qui a servi de base aux éditeurs, non sans qu'ils se permettent quelques corrections (cf. S. Balayé, « Le dossier Staël », *Romantisme*, 1978, n° 20). La division en six parties de l'édition de 1818 ne semble pas non plus avoir été celle prévue par Mme de Staël. En fait, il y a trois massifs, le premier porte sur la période prérévolutionnaire et constitue une défense et illustration de la politique de Necker, le second, central, porte véritablement sur la Révolution, et le troisième est dirigé contre Napoléon. Même si l'établissement du texte laisse encore à désirer, ces *Considérations* n'en demeurent pas moins un texte fondamental pour comprendre la pensée de Mme de Staël et tout un courant politique du romantisme libéral.

Ses sources ? D'abord, et c'est le plus précieux, ses propres souvenirs, son expérience vécue. Il s'agit d'un témoignage. J. Godechot estime qu'elle s'est servie d'assez peu de livres : essentiellement les œuvres de son père, bien entendu, le livre de Toulongeon, l'*Histoire de France depuis la Révolution de 1789*, écrite d'après les mémoires et manuscrits contemporains recueillis dans les dépôts civils et militaires, 4 vol., 1801-1810 ; pour ce qui concerne l'Angleterre, elle a eu recours à David Hume et à un jurisconsulte suisse Jean-Louis Delolme. Elle a très présents à l'esprit des textes fondamentaux du débat autour de la Révolution : les *Considérations sur la France* de Joseph de Maistre, les *Réflexions sur la Révolution de France* de Burke, auxquels elle s'oppose, et l'*Essai sur les Révolutions* de son ami Chateaubriand dont elle serait plus proche. Comme lui, elle établit un parallèle entre la Révolution française et la première révolution anglaise (1642-1649). Burke l'avait fait aussi, mais dans un autre esprit.

Cet essai de Mme de Staël est tout entier un hymne à la liberté. C'est par rapport à cet élan fondamental qu'elle juge les faits et les hommes. Necker, lui semble-t-il, était l'homme qui eût été capable d'établir la liberté. Robespierre et Napoléon sont condamnés par elle, parce qu'ils sont des tyrans. Le garant institutionnel de la liberté, c'est la constitution, et Mme de Staël qui, comme Voltaire, admire l'Angleterre, voudrait que la France ait une constitution à l'image de la constitution anglaise. De quelle liberté s'agit-il ? D'abord de la liberté individuelle, et pour les femmes comme pour les hommes ; ensuite de la liberté religieuse (elle appartient à un milieu protestant), et de la liberté d'expression : elle condamne la censure du moins quand elle porte sur les livres, car elle accepte mieux le contrôle des journaux. Quant à la liberté qui découle d'un certain niveau économique, elle ne s'en occupe guère. Et

J. Godechot écrit fort justement : « Cette liberté, on en voit vite les limites : c'est une liberté pour les classes les plus favorisées. » (*Considérations sur la Révolution française*, Introduction, Tallandier, p. 28)

Mme de Staël défend farouchement la propriété privée, en quoi elle est bien dans la ligne de la Révolution de 1789 et de la Constitution de 1791. Son hostilité à la Terreur provient certes d'une réaction d'humanité devant l'horreur des exécutions, mais aussi de ce que Robespierre avait tenté d'opérer un transfert des richesses. J. Godechot pense qu'elle n'a pas su comprendre non plus que la violence de la répression exercée par la Terreur était due à la guerre. « Germaine de Staël ne l'a pas compris parce qu'elle n'était pas vraiment intégrée dans la Nation française », écrit-il, « Germaine de Staël était une cosmopolite, une Européenne, plus qu'une Française. » (*ibid.*, p. 29-30)

Ses prises de position devant les divers partis politiques s'expliquent par ces principes fondamentaux : elle a fait l'éloge des Constituants, de leur œuvre religieuse, militaire, politique, même si elle fait des réserves sur la façon dont le roi a été privé de ses prérogatives et sur l'instauration d'une seule chambre ; elle est sévère à l'endroit des Girondins et surtout des Jacobins (cf. S. Balayé, *Mme de Staël. Lumières et liberté*, op. cit., p. 41-42).

Le meilleur gouvernement pour la France serait une monarchie constitutionnelle, pensait-elle d'abord ; alors qu'en 1795, elle était républicaine, elle revient dès 1798 dans *Des circonstances actuelles qui peuvent terminer la Révolution* vers la conception d'une monarchie constitutionnelle qu'elle avait déjà faite sienne en 1789. Si l'on trouve chez Mme de Staël à la fois des déclarations en faveur d'une monarchie constitutionnelle, et d'autres franchement républicaines, ce n'est pas opportunisme, mais simplement qu'elle traverse une époque complexe et sait bien que l'idéal doit s'adapter à la réalité. Elle pense volontiers, comme Rousseau, que la république est le meilleur gouvernement possible, encore faut-il qu'un pays soit capable de pratiquer ce régime. Une monarchie constitutionnelle aurait pu amener sans violence à une république ; la république a été proclamée trop tôt en France. Cependant, évoquant son attitude en 1795, elle écrit dans les *Considérations sur la Révolution française* : « Je n'aurais sûrement pas conseillé, si j'y avais été appelée, d'établir une république en France ; mais, une fois qu'elle existait, je n'étais pas d'avis qu'on dût la renverser. » (p. 333)

Les réactions que suscitèrent les *Considérations* montrent bien dans quel camp elles se situent. Réactions très favorables chez les libéraux, chez Charles de Rémusat, chez Benjamin Constant (articles dans *La Minerve littéraire*), tandis que Louis XVIII trouve l'ouvrage « très républicain », que *Le Conservateur*, *La Quotidienne* se montrent hostiles, et que Louis de Bonald répond aigrement à Mme de Staël par des *Observations sur l'ouvrage de Mme de Staël ayant pour titre « Considérations... »*, 1818 : « Les écrits de Mme de Staël ne sont, en général, que ses conversations, et comme ils en ont le brillant, ils en ont aussi la précipitation » (cité par J. Godechot, op. cit., p. 38) ; ce jugement qui se voulait sévère comporte un éloge involontaire.

Des mémoires historiques ?

On a de la peine à classer les *Considérations sur la Révolution française* dans un genre littéraire déterminé, et c'est peut-être là un de leurs mérites. Elles contiennent à la fois des pamphlets, *pro* et *contra* : pour Necker, contre la Terreur, contre la dictature napoléonienne. Mais elles se veulent aussi, et elles sont, un ouvrage de réflexion historique. Mme de Staël, qui ne considère pas la Révolution comme due à une suite de hasards, mais comme une conséquence nécessaire d'un enchaînement de causes, évoque, avec une belle ampleur de vue, la période qui va de 1750 à sa mort et par conséquent replace le phénomène révolutionnaire dans toute sa dimension.

Les *Considérations* relèvent aussi d'un genre qui s'est développé au lendemain de la Révolution : celui des « mémoires historiques ». Ces hommes et ces femmes, qui ont vécu la révolution, l'émigration, une période particulièrement mouvementée, éprouvent le besoin de raconter leur vie, mais en fonction de l'Histoire, telle qu'ils l'ont vue au jour le jour. Par certains aspects, les *Mémoires d'outre-tombe* relèveront de ce genre qui a donné aussi bien les *Mémoires* de Mme de Genlis que ceux de la comtesse de Boigne. Cet accent personnel dans l'évocation de la rencontre du moi et de l'Histoire est finalement ce qui reste de meilleur de ces textes, et peut-être aussi, sans pour autant enlever de sa valeur à la méditation politique, ce qui nous retient davantage dans les *Considérations*. Mme de Staël justifie ainsi cette présence du « moi » dans le chapitre « De la situation des amis de la liberté hors de France pendant le règne de la terreur » : « Il est difficile de raconter ces temps horribles sans se rappeler vivement ses propres impressions : et je ne sais pas pourquoi l'on combattrait ce penchant naturel. Car la meilleure manière de représenter des circonstances si extraordinaires, c'est encore de montrer dans quel état elles mettaient les individus au milieu de la tourmente universelle. » (*Considérations*..., p. 310) Ce propos intervient au moment où Mme de Staël n'est pas à Paris, et par conséquent où son témoignage est plus limité ; il attire cependant l'attention sur un des intérêts des *Considérations* : l'importance du point de vue. Et les meilleurs passages sont peut-être ceux où le lecteur sent un regard, fût-il reconstitué après coup. Ainsi le triomphe de Necker, souvenir cher à sa fille : « Qu'il me soit permis de m'arrêter encore une fois sur ce jour, le dernier de la prospérité de ma vie qui cependant s'ouvrait à peine devant moi. La population entière de Paris se pressait en foule dans les rues, on voyait des hommes et des femmes aux fenêtres et sur les toits, criant : Vive M. Necker ! Quand il arriva près de l'hôtel de ville, les acclamations redoublèrent, la place était remplie d'une multitude animée du même sentiment, et qui se précipitait sur les pas d'un seul homme, et cet homme était mon père. » (*ibid.*, p. 168) Ou encore la fête de la Fédération : La Fayette s'approche de l'autel pour jurer fidélité à la nation, à la loi et au roi. « Les spectateurs étaient dans l'ivresse ; le roi et la liberté leur paraissaient alors complètement réunis. La monarchie limitée a toujours été le véritable vœu de la France : et le dernier mouvement d'un enthousiasme vraiment national s'est fait voir à cette fédération de 1790. Toutefois les personnes capables de réflexion étaient loin de se livrer à la joie générale. Je voyais dans la physionomie de mon père une profonde inquiétude ; dans le moment où l'on croyait fêter un triomphe, peut-être sentait-il qu'il n'y avait déjà plus de ressources. » (*Considérations sur la Révolution française*, p. 227) Germaine est à Paris le 10 août 1792 : « On vint me dire que tous mes amis qui faisaient la garde en dehors du château, avaient été saisis et massacrés. Je sortis à l'instant pour savoir des nouvelles ; le cocher qui me conduisait fut arrêté sur le pont par des hommes qui, silencieusement, lui faisaient signe qu'on égorgeait de l'autre côté. [...] Lorsque j'allais voir [mes amis] le soir à pied dans les maisons obscures où ils avaient pu trouver asile, je rencontrais des hommes armés couchés devant les portes, assoupis par l'ivresse, et ne se réveillant à demi que pour prononcer des jurements exécrables. » (*ibid.*, p. 279) Dans le chapitre « Anecdotes particulières », Germaine de Staël raconte comment elle se servit de l'ambassade de Suède pour cacher les proscrits, parmi eux Narbonne, et comment elle dut déjouer les perquisitions des « commissaires de la classe la plus subalterne » (*ibid.*, p. 281). Elle raconte comment elle va rendre visite à Manuel pour sauver Laly-Tollendal et Jaucourt envoyés à la prison de l'Abbaye. Puis elle part pour la Suisse. Mais sa berline attire l'attention de la foule qui la traîne devant le bureau de la Commune et Robespierre. Sa qualité d'ambassadrice de Suède ne suffirait pas à la sauver, sans l'intervention de Manuel (décidément protecteur de la littérature française : c'est lui aussi qui sauva Beaumarchais à la même époque). Elle peut finalement passer la frontière, accompagnée par Tallien. Le récit de ces scènes de la Révolution française est d'une vivacité inoubliable.

Mme de Staël possède aussi l'art du portrait et sait évoquer fortement les figures marquantes de la Révolution, tout en recourant aussi à des réflexions morales et politiques qui seraient davantage du registre de la maxime. On peut lire au début de la deuxième partie des *Considérations* de beaux portraits de Mirabeau et de La Fayette qui se situent dans la tradition des meilleurs textes historiques. Ce mélange des tons et des registres, des scènes de rues et des réflexions politiques fait des *Considérations sur la Révolution française* un grand livre encore très lisible de nos jours, alors que tant de textes de cette époque ont vieilli.

Napoléon Bonaparte
Considérations sur la Révolution française
Dix années d'exil

Une grande partie des *Considérations sur la Révolution française* porte sur Napoléon Bonaparte. Plus ou moins présent dans tous les textes de Mme de Staël, il est central dans *Dix années d'exil*. Il a été responsable de l'organisation de la vie de Mme de Staël, et a agi sur son écriture à la fois comme obstacle et comme stimulant.

Les faits

On a sur ce point, comme sur d'autres, reproché à Mme de Staël ces changements d'attitude, en oubliant que si nous voyons l'Histoire globalement après coup, elle l'a vécue au jour le jour et que l'image de Bonaparte a considérablement évolué entre la campagne d'Italie et la campagne de Russie.

Pour Mme de Staël, comme pour beaucoup de ses contemporains, Bonaparte est d'abord apparu comme un jeune général glorieux, capable de mettre fin à la guerre civile, de terminer la Révolution, sans l'abolir. Mme de Staël vit Bonaparte pour la première fois en décembre 1797, chez Talleyrand. Dans *Des circonstances actuelles qui peuvent terminer la Révolution*, il apparaît sous un jour favorable, mais vite elle déchantera. Elle s'était réjouie du 18 brumaire ; son salon est alors fréquenté par Joseph et Lucien Bonaparte ; elle contribue fortement à faire entrer Benjamin Constant au Tribunat, mais il demande que le Tribunat ait véritablement le droit d'examiner les projets de loi, et vite fait partie des opposants au despotisme croissant de Bonaparte. Si bien que Fouché conseille à Mme de Staël de quitter Paris. Necker est méfiant et Germaine commence à l'être aussi ; cependant elle connaît un « regain d'enthousiasme » ; « la victoire de Marengo rappelle les brillantes campagnes de 1796 ». Mais « moins de six mois après le 18 brumaire, elle est consciente que la liberté dont elle rêvait, la domination des talents, le régime parlementaire, tout cela est très compromis. » (S. Balayé, *Mme de Staël. Lumières et liberté, op. cit.*, p. 79)

Les *Considérations sur la Révolution française* porteront un jugement sévère sur cette ascension au pouvoir : « pour arriver à la domination de la France, [Bonaparte] se fonda sur trois bases principales : contenter les intérêts des hommes aux dépens de leurs vertus, dépraver l'opinion par des sophismes et donner à la nation pour but la guerre au lieu de la liberté. » (cité d'après le manuscrit par S. Balayé, *ibid.*, p. 79-80) Mme de Staël, qui fut toujours persuadée que le protestantisme était un garant de liberté individuelle, fut hostile au Concordat. *De la littérature* est mal accueilli par Bonaparte ; le 17 janvier 1802, Bonaparte élimine un certain nombre de membres du Tribunat, dont B. Constant ; elle semble avoir participé à la conspiration Moreau. La publication par Camille Jordan du *Vrai sens du vote national sur le Consulat à vie*, par Necker des *Dernières vues de politique et de finances* et enfin par Germaine de *Delphine* exaspère Napoléon. La guerre entre Germaine de Staël et Napoléon est désormais déclarée.

Elle doit quitter Paris pour Genève. Le 15 octobre 1803, alors qu'elle vient de regagner la propriété de B. Constant aux Herbages, elle reçoit un ordre d'exil à quarante lieues de Paris. Les voyages en Allemagne et en Italie, l'importance de Coppet sont d'heureuses conséquences de cet exil loin de la capitale qu'elle chérissait et qui permettait le rayonnement de son salon ; du même coup son rayonnement prit une extension plus européenne. Elle compte sur l'amitié de Joseph Bonaparte à qui elle écrit de nombreuses lettres (cf. *Correspondance générale*, t. V, 2) pour obtenir l'autorisation de se rapprocher de Paris et le remboursement des dettes de la France envers Necker. En 1806, elle revient en France, mais doit rester à Auxerre, puis à Rouen, à Meulan ; les avertissements de Napoléon se succèdent. En 1807, elle passe quelques jours à Paris, dans la clandestinité, puis repart pour Coppet. Nouveau voyage sur les terres allemandes. À Toeplitz, elle rencontre Gentz, ennemi juré de Napoléon. L'année 1810 marque encore le renforcement du despotisme napoléonien. Le duc de Rovigo, ministre de la police, qui succède à Fouché, est beaucoup plus hostile à Mme de Staël. Il lui ordonne de partir, tandis qu'elle était en train de corriger les épreuves de *De l'Allemagne* qui sera pilonné (cf. *infra*). La Suisse elle-même n'est plus sûre ; les amis de Mme de Staël, Schlegel, Mathieu de Montmorency, Mme Récamier sont persécutés, Germaine est surveillée de plus en plus étroitement par Capelle, le nouveau préfet qui a remplacé Barante. Elle décide donc de fuir Coppet qui est devenu une prison. Elle déjoue la police impériale en faisant croire qu'elle veut aller aux États-Unis ou en Angleterre, et quitte Coppet en mai 1812 avec Schlegel qui a préparé son évasion, ses enfants Albert et Albertine, et son amant Rocca. Elle emporte avec elle le manuscrit de *Dix années d'exil*, les *Réflexions sur le suicide* qu'elle publiera à Stockholm en 1813, et un exemplaire de *De l'Allemagne* qu'elle publiera à Londres en 1813 également. Elle va se rendre à Vienne puis en Russie et de là en Suède, enfin en Angleterre. Elle rentrera à Paris en mai 1814, après l'abdication de Napoléon, mais repart pour Coppet à l'annonce du débarquement de Golfe Juan. En 1815, après avoir réprouvé le ralliement de Constant à l'Empereur, elle accepte l'*Acte additionnel*, mais en septembre se ralliera aux Bourbons.

On a beaucoup écrit sur l'opposition de Mme de Staël et de Napoléon ; comme chaque fois qu'il s'agit d'une femme écrivain, on a voulu y voir une histoire d'amour déçu, une séduction manquée, alors que cette opposition est fondamentalement idéologique et doit se comprendre dans le contexte d'une lutte pour la liberté d'expression, d'une lutte aussi pour le droit des femmes à l'écriture, car il est visible que l'exaspération de Napoléon contre Mme de Staël fut accrue par le fait qu'elle était une femme.

Des considérations sur Napoléon ?

Les *Considérations sur la Révolution française* sont, pour plus d'un tiers, consacrées à Napoléon. Leur structure correspond bien exactement au déroulement de l'Histoire, mais livre aussi le dynamisme même du psychisme de Mme de Staël avec ces deux obsessions majeures que lui a données l'Histoire. Elles partent du père, sont écrites à la gloire de Necker, pour aller vers l'ennemi fondamental : Napoléon. La Révolution s'insère entre ces deux pôles. Dès la fin du chapitre XXII de la troisième partie, après avoir évoqué « Deux prédictions singulières tirées de l'histoire de la révolution par M. Necker », le chapitre XXIII traite « De l'armée d'Italie ». La quatrième partie va de la campagne d'Égypte et du « Retour de Bonaparte » et relate l'ensemble du règne de Napoléon. La cinquième partie présente les années 1814-1815 et les problèmes politiques essentiels qui s'y sont posés. La sixième partie, après l'interrogation provocatrice : « Les Français sont-ils faits pour être libres ? » est consacrée à l'Angleterre, la rivale glorieuse de Napoléon.

À la relation des faits principaux du règne de Napoléon, à une analyse sans merci de son caractère, de son despotisme, des limites de son intelligence, vient s'ajouter, ce qui est peut-être le plus intéressant, une analyse des mentalités où Mme de Staël se montre particulièrement perspicace. Comment expliquer en effet le prodigieux succès de cet homme ? « Le triomphe de Bonaparte, en Europe comme en France, reposait tout entier sur une grande équivoque qui dure encore pour beaucoup de gens. Les peuples s'obstinaient à le considérer comme le défenseur de leurs droits, dans le moment où il en était le plus grand ennemi. La force de la révolution de France, dont il avait hérité, était immense, parce qu'elle se composait de la volonté des Français et du vœu secret des autres nations. Napoléon s'est servi de cette force contre les anciens gouvernements pendant plusieurs années, avant que les peuples aient découvert qu'il ne s'agissait pas d'eux. » (*Considérations...*, p. 425) C'est aussi par l'évolution des mentalités et l'éveil des nationalités qu'elle explique la chute de Napoléon : « Son despotisme était tel, qu'il avait réduit les hommes à n'être que des échos de lui-même, et que sa propre voix lui revenant de toutes parts, il était ainsi seul au milieu de la foule qui l'environnait. Enfin il n'a pas vu que l'enthousiasme avait passé de la rive gauche du Rhin à la rive droite ; qu'il ne s'agissait plus de gouvernements indécis, mais de peuples irrités ; et que de son côté, au contraire, il n'y avait qu'une armée et plus de nation. » (*Considérations...*, p. 433)

Dix années d'exil

Si l'on peut retrouver des allusions, et plus que des allusions, à Napoléon dans toute l'œuvre de Mme de Staël, les deux textes historiques fondamentaux demeurent les *Considérations sur la Révolution française* dont nous venons de traiter et *Dix années d'exil*. Aucun des deux ouvrages n'a été publié du vivant de Mme de Staël ; le second pose des problèmes d'édition encore plus grands que le premier, en effet les signes d'inachèvement y sont flagrants.

Simone Balayé et Mariella Vianello Bonifacio ont donné en 1996, chez Fayard, une édition scientifique de ce texte, à partir des archives de Coppet. Leur édition rend bien compte de la complexité des diverses couches de composition. Elles distinguent d'abord une première version constituée par une copie corrigée par Mme de Staël, cette première version a été rédigée à Coppet entre 1810 et 1812 ; elle relate la période qui va de 1797 à 1805 et est accompagnée de curieux « manuscrits déguisés » où Mme de Staël, pour déjouer la surveillance de la police, et faire croire qu'il s'agit de l'histoire de l'Angleterre, a changé les noms des personnages et des lieux.

Il y eut une seconde rédaction lorsque Mme de Staël se remet au travail à Stockholm ; elle reprend alors la période de 1797 à 1804, et ajoute une nouvelle partie qui couvre la période la plus récente : 1810-1812. Elle avait certainement l'intention de combler le vide de 1804 à 1810, mais elle a préféré écrire d'abord ce qu'elle venait de vivre et qu'elle avait bien présent à l'esprit. Elle n'eut jamais le loisir de combler cet intervalle. Il reste enfin des mémentos en marge des manuscrits, des carnets, des fragments qui apportent un complément mais ne constituent pas une rédaction suivie.

À cette complexité due à l'inachèvement, s'en ajoute une autre qui provient de la nature ambiguë du genre littéraire auquel peut se rattacher cet ouvrage et qui est encore plus subtile que pour les *Considérations*. En effet les *Dix années d'exil* constituent un vaste pamphlet contre Napoléon, mais on ne saurait toutefois les réduire à cet aspect important. Plus nettement encore que les *Considérations*, *Dix années d'exil* se rattachent au genre des mémoires historiques, et c'est bien le mot de « mémoires » qu'emploie Brinkman, diplomate suédois, quand il les désigne dans une « Lettre sur l'auteur de *Corinne* » : « Pendant son séjour ici, Mme de Staël a commencé des mémoires sur les dernières années de sa vie, qui sont extrêmement curieux et qui feront un jour la plus grande sensation, surtout si elle ne peut pas résister à la tentation de publier pendant sa vie une composition historique aussi singulièrement piquante pour toutes les classes de lecteurs de l'Europe entière. » (Cité dans

« Histoire de l'œuvre », *Dix années d'exil*, Fayard, 1996, p. 23.) Mémoires historiques et autobiographie sont étroitement liés plus encore que dans les *Considérations sur la Révolution française* qui voulaient davantage demeurer un ouvrage d'histoire. Enfin *Dix années d'exil* contiennent aussi un journal de voyage : « Passage en Autriche », « Passage à travers la Russie », « Départ pour la Suède ». Cet aspect est si développé que l'on peut même se demander si Mme de Staël n'en aurait pas fait un autre ouvrage. Écrire un « De la Russie », comme elle avait écrit un *De l'Allemagne* ? Dans les *Considérations* elle annonçait : « Je me propose d'écrire un jour ce que j'ai vu de la Russie. » (p. 429)

La complexité de ces *Dix années d'exil* inachevées est un signe de leur richesse. Le titre même peut poser un problème. Quelle période recouvrent ces « dix années » ? Comme le suggèrent les éditrices, il ne semble pas qu'il faille placer le *terminus a quo* en deçà de 1803 ; ce n'est pas à la période révolutionnaire que songe Mme de Staël, même si elle dut alors plus d'une fois regagner en hâte la Suisse, mais à la période de 1803 à 1813, alors qu'elle fait commencer son récit dès 1797.

Le lien entre les *Considérations* et les *Dix années d'exil* s'établit étroitement dès la première page de celui-ci, et aussi la variété des registres où se situe ce livre. Il commence par une déclaration qui semble écarter la dimension confidentielle et personnelle : « Ce n'est point pour occuper le public de moi que j'ai résolu de raconter les circonstances de dix années d'exil. » (*Dix années d'exil*, p. 45) Formule de prétérition oratoire ? Car dès le paragraphe suivant, elle marque l'importance du point de vue pour écrire l'histoire. Il faut comprendre à quelle génération appartient l'historienne pour saisir le sens de son œuvre : « Les personnes élevées en France pendant les années qui ont précédé la Révolution doivent nécessairement être plus attachées à la liberté que celles dont l'enfance s'est passée sous le règne sanglant de la Terreur. » (*ibid.*, p. 45) Et surgit immédiatement l'image du père : « Mon père, loyalement attaché au roi de France… » (*ibid.*, p. 45) L'histoire de persécutions qu'elle a subies prend une dimension historique et politique qu'elle tient à souligner dès ce préambule : « L'empereur Napoléon, dont le caractère se montre tout entier dans chaque trait de sa vie, m'a persécutée avec un soin minutieux, avec une activité toujours croissante, avec une rudesse inflexible, et mes rapports avec lui ont servi à me le faire connaître longtemps avant que l'Europe eût compris le mot de cette énigme et lorsqu'elle se laissait dévorer par le sphinx parce qu'elle n'avait pas su le deviner. » (*ibid.*, p. 45)

L'évocation de la période qui va jusqu'en 1804 se termine sur ce jugement qui constitue en même temps un portrait moral de Bonaparte : « Aucun des arts de la paix ne convient à Bonaparte, il ne sait administrer que par la violence et ne trouve d'amusement que dans ces crises violentes amenées par les batailles. S'il y a quelque chose d'involontaire en lui, c'est une activité dévorante. Les divinités infernales le poussent en avant et je ne sais, quelque habile qu'il soit, s'il pourrait s'arrêter quand il le voudrait. » (*ibid.*, p. 45) On sent aussi comment Mme de Staël, comme beaucoup de ses contemporains, ne peut évoquer la figure de Napoléon sans lui donner une dimension mythique.

Que ses vues soient partiales, qu'elle néglige l'œuvre administrative et intérieure de Napoléon, c'est évident. Elle fait preuve cependant d'une grande lucidité politique dans la façon dont elle analyse le pouvoir de Napoléon sur les hommes. Sa prose prend alors la beauté de celle de Tacite analysant les bassesses dans la cour de Néron. Parmi les plus belles pages, on pourra citer celles qui concernent l'assassinat du duc d'Enghien. On y voit se succéder avec un grand art l'anecdote et la maxime morale. Après avoir raconté l'histoire du vieil invalide du donjon de Vincennes qui écarte les enfants venus jouer au lieu même où le duc d'Enghien avait été exécuté, elle développe des vues plus générales sur la signification de cet assassinat : « Bonaparte ne voulait qu'apprendre une chose aux Français, c'est qu'il pouvait tout, afin qu'ils lui sussent gré du mal qu'il ne faisait pas comme à d'autres d'un bienfait. » (*Dix années d'exil*, p. 174)

Si la première partie marquait l'accession au pouvoir absolu, la seconde (1810-1812) retrace ce pouvoir arrivé à son sommet et déjà menacé. Mme de Staël offre un tableau affligeant de l'Europe sous la dictature napoléonienne, pire que toutes les autres : « Dans les autres gouvernements despotiques, il y a des usages, des lois, une religion que le maître n'enfreint jamais, quelque absolu qu'il soit ; mais en France et dans l'Europe-France, comme tout est nouveau, le passé ne saurait être une garantie et l'on peut tout craindre comme tout espérer, suivant qu'on sert ou non les intérêts de l'homme qui ose se donner lui-même et lui seul pour but à la race humaine. » (*ibid.*, p. 204) La presse qui devrait être un instrument de liberté est devenue un moyen de servitude. Les gazettes « sont maintenant l'un des plus habiles moyens de la tyrannie » (*ibid.*, p. 223-224). Le soin avec lequel Napoléon règle l'étiquette est aussi un moyen de la dictature, c'est « un moyen d'isoler tous les individus entre eux sous prétexte de marquer leurs rangs » (*ibid.*, p. 239). La paix est aussi funeste pour les États, et peut-être davantage encore que la guerre, en effet : « Les paix avec cet homme sont toujours plus fatales que les guerres, car il vaut mieux encore avoir à faire à sa force qu'à sa ruse. » (*ibid.*, p. 236) Il a transformé l'Europe en une vaste prison. « L'Europe jadis si facilement ouverte à tous les voyageurs est devenue sous l'influence de l'empereur Napoléon comme un grand filet dans lequel on ne peut faire un pas sans être arrêté. » (*ibid.*, p. 242)

Mme de Staël donne donc un tableau, certes très « engagé », de la France et de l'Europe napoléoniennes. Mais, tandis que les *Considérations* cherchaient davantage à se situer dans le registre de l'Histoire, les *Dix années d'exil* se placent délibérément sur celui du témoignage et l'accent autobiographique y est par conséquent beaucoup plus sensible. La traversée de l'Europe lorsque Mme de Staël quitte Coppet pour se rendre en Russie est un récit d'évasion avec le rythme haletant de la poursuite, avec l'évocation de l'angoisse de la voyageuse — « le fantôme de la tyrannie me poursuivait partout » (*ibid.*, p. 247). C'est l'histoire d'une femme traquée, et d'une femme qui n'est plus jeune, qui éprouve fortement la fatigue du voyage, qui craint non seulement pour elle, mais pour ceux qui l'accompagnent, en particulier sa fille Albertine.

À mesure que Mme de Staël avance vers la Russie, les armées napoléoniennes avancent également ; c'est une sorte de course de vitesse. « L'un de mes compagnons, qui était très frappé des succès rapides des Français, s'inquiétait beaucoup pour moi de ce que les chevaux pourraient me manquer à l'approche des armées et, lorsque je passais cinq ou six heures devant une poste, car il y avait rarement une chambre dans laquelle on pût entrer, je pensais en frémissant à cette armée qui pourrait m'atteindre à l'extrémité de l'Europe. » (*Dix années d'exil*, p. 265-266)

La Russie

C'est donc avec cet état d'esprit que Germaine de Staël parvient en Russie qui, paradoxalement, lui apparaît comme une terre de liberté, paradoxe qu'elle souligne elle-même : « On n'était guère accoutumé à considérer la Russie comme l'État le plus libre de l'Europe, mais le joug que l'empereur de France fait peser sur tous les États du continent est tel qu'on se croit dans une république dès qu'on arrive dans le pays où la tyrannie de Napoléon ne peut se faire sentir. » (*ibid.*, p. 255) La sauvagerie même qu'elle croit trouver dans le peuple russe lui apparaît comme un gage d'énergie et de résistance (*ibid.*, p. 268).

Elle découvre alors un pays très peu connu des Français qui n'avaient guère eu que les échos donnés par les artistes invités à la cour de Catherine II et par les Philosophes dont elle dénonce les propos qui lui semblent un peu sommaires. Custine n'a pas encore écrit son ouvrage fondamental et dont la tonalité sera bien différente et autrement sombre que celle de Mme de Staël. Elle est frappée, en traversant la campagne, par le silence et la solitude. « On dirait qu'on traverse un pays dont la nation vient de s'en aller, tant on y voit peu de maisons et peu d'hommes. » (*ibid.*, p. 268) Elle décrit Moscou avant l'incendie, son bariolage, la coexistence des palais et des cabanes, des quartiers russes, des quartiers tartares et de la ville chinoise. Elle décrit les costumes et leurs couleurs si pittoresques (*ibid.*, p. 260).

Elle s'efforce aussi de comprendre le caractère russe : « la fierté naturelle aux grands, le dévouement qui est dans le caractère du peuple » (*ibid.*, p. 269), la violence et la patience (*ibid.*, p. 293), un mélange de rêverie et de passion (*ibid.*, p. 266), la force du sentiment religieux (*ibid.*, p. 261, p. 304), distinguant religion et superstition (*ibid.*, p. 285-286). Elle décrit aussi les danses et les chants populaires dont la beauté l'a frappée ; elle pense qu'il n'y a pas encore de véritable littérature russe, mais que ce n'est pas en imitant la littérature française que la Russie trouvera sa vraie voie (*ibid.*, p. 270, 279, 305). Si elle a l'occasion de fréquenter essentiellement les aristocrates, ainsi la comtesse de Rostopchine, elle essaie, malgré la brièveté de son passage, de s'intéresser à la totalité de la population. Elle doit quitter Moscou pour Novgorod et Saint-Pétersbourg. Elle rencontre l'empereur Alexandre dont elle fait, comme dans les *Considérations*, un grand éloge. Elle visite les « instituts d'éducation que l'impératrice a fondés », c'est-à-dire Sainte-Catherine.

Néanmoins, même si elle eut peut-être le projet de faire pour la Russie ce qu'elle avait fait pour l'Allemagne, elle ne put en donner un tableau aussi développé, elle ne put connaître vraiment la littérature et la civilisation russes. Elle a le sentiment d'être « à la porte d'une autre terre », elle est fascinée par cet inconnu, insiste sur la nature orientale des Russes (*Dix années d'exil*, p. 263). Leur langue qu'elle ignore lui semble d'une grande beauté musicale (*ibid.*, p. 265, 269). « Il faut [...] que leurs écrivains puisent la poésie dans ce qu'ils ont de plus intime au fond de l'âme. » (*ibid.*, p. 280) Elle s'intéresse à la préhistoire, au folklore, aux chamanes du Kamchatka « espèces d'improvisateurs » (*ibid.*, p. 298). Si sa connaissance de la Russie est forcément limitée, sa curiosité, son ouverture d'esprit sont sans limites.

Elle gagne la Finlande dont elle laisse une description pittoresque, s'embarque à Abo (Turku), non sans regretter cependant les « rayons du Midi » et non sans quelque appréhension de la traversée. Une tempête l'oblige à faire escale sur une île avant d'arriver enfin à Stockholm. Son récit, du moins tel qu'on peut le lire dans la version rédigée, s'arrête là, inachevé, suffisamment développé cependant pour donner un aperçu de la Russie en 1812, et pour permettre l'affirmation de la forte personnalité de la voyageuse.

L'écriture du moi avec et sans masque

Si Mme de Staël n'a pas laissé d'autobiographie proprement dite comparable à la *Vie de Henry Brulard* ou aux *Mémoires d'outre-tombe*, on voit cependant que l'écriture du moi tient chez elle une place importante et qui, peut-être, de toute son œuvre touche le plus directement un lecteur moderne ; si pour le moment, nous n'abordons pas les textes où à travers les fictions elle eut à se livrer et si nous nous contentons d'analyser les textes où Mme de Staël emploie un « je » par lequel elle se désigne directement elle-même, on voit que la moisson est abondante. À côté des textes politiques et historiques que nous venons d'évoquer, et où nous avons montré la part déterminante du « je », nous voudrions maintenant évoquer d'autres formes d'expression de la personnalité de Mme de Staël, et d'abord des traités que l'on pourrait mettre sous la rubrique assez peu satisfaisante d'ouvrages de morale, puis tout un ensemble de textes, trop longtemps considérés comme de simples documents mais dont la valeur littéraire, la « littérarité » apparaît de plus en plus nettement à la critique et aux lecteurs contemporains : carnets, correspondance.

Les traités de morale

De l'Antiquité à l'époque classique les traités de morale ont toujours été un moyen d'expression pudique du moi sous une forme de généralité. Mme de Staël qui, par tout un versant de son œuvre, appartient bien encore au classicisme, n'a pas négligé ce mode d'expression : on citera en particulier, au début et à la fin de sa carrière d'écrivain : *De l'influence des passions sur le bonheur des individus et des nations*, et les *Réflexions sur le suicide*.

La situation du traité moral par rapport au « moi » est nettement explicitée dans *De l'influence des passions...* : « En composant cet ouvrage, où je poursuis les passions comme destructives du bonheur, où j'ai cru présenter des ressources pour vivre sans le secours de leur impulsion, c'est moi-même aussi que j'ai voulu persuader ; j'ai écrit pour me retrouver, à travers tant de peines, pour dégager mes facultés de l'esclavage des sentiments, pour m'élever jusqu'à une sorte d'abstraction qui me permît d'observer la douleur en mon âme, d'examiner dans mes propres impressions les mouvements de la nature morale, et de généraliser ce que la pensée me donnait d'expérience. » (*O.C.*, t. III, p. 274) L'avant-propos du 1er juillet 1796 précise qu'il s'agit de la publication de la première partie de l'ouvrage, sur le bonheur des individus, la seconde partie qui aurait traité du bonheur des nations ne parut pas. Il en reste une esquisse dans la longue « introduction ». La section première s'intitule « Des passions ». Chapitre Ier : « De l'amour de la gloire » ; chapitre II : « De l'ambition » ; chapitre III : « De la Vanité » ; chapitre IV : « De l'Amour » ; chapitre V : « Du Jeu, de l'Avarice, de l'Ivresse, etc. » ; chapitre VI : « De l'envie et de la vengeance » ; chapitre VII : « De l'esprit de parti » ; chapitre VIII : « Du crime ». La section II a pour titre : « Des sentiments qui sont l'intermédiaire entre les passions et les ressources que l'on trouve en soi ». Chapitre Ier : « Explication du titre de la seconde section » ; chapitre II : « De l'amitié » ; chapitre III : « De la tendresse filiale, paternelle et conjugale » ; chapitre IV : « De la religion ». La section III s'intitule : « Des ressources qu'on trouve en soi ». Chapitre I : « Que personne à l'avance ne redoute assez le malheur » ; chapitre II : « De la philosophie » ; chapitre III : « De l'étude » ; chapitre IV : « De la Bienfaisance ». Suit une très longue conclusion.

On voit donc un souci de classement systématique, et dans cette volonté de classement, comme dans maintes analyses, les parentés qui peuvent exister entre Mme de Staël et les Idéologues, Cabanis, Destutt de Tracy, ce qui explique, outre une influence directe, la parenté avec Stendhal et *De l'amour*. Ce classement ménage donc une progression des passions considérées comme dangereuses, vers la maîtrise de soi, en passant par une catégorie intermédiaire : « L'amitié, la tendresse paternelle, filiale et conjugale, la religion dans quelques caractères, ont beaucoup des inconvénients des passions ; et dans d'autres, ces mêmes affections donnent la plupart des ressources qu'on trouve en soi. » (*O.C.*, t. III, p. 189)

Si la question du bonheur des nations n'a pu être entièrement traitée, elle est cependant abordée à plusieurs reprises ; le souvenir de la Terreur est encore tout proche, le chapitre « De la Religion » contient un récit de la mort de Louis XVI. On notera, surtout, les pages fort intéressantes de l'introduction qui peuvent avoir été inspirées par Condorcet, et qui annoncent nos statistiques modernes. « Dans le canton de Berne, par exemple, on a remarqué que tous les dix ans il y avait à peu près la même quantité de divorces : il y a des villes d'Italie où l'on calcule avec exactitude combien d'assassinats se commettent régulièrement tous les ans ; ainsi les événements qui tiennent à une multitude de combinaisons diverses ont un retour périodique, une proportion fixe, quand les observations sont le résultat d'un grand nombre de chances. C'est ce qui doit conduire à penser que la science politique peut acquérir un jour une évidence géométrique. » (*O.C.*, t. III, p. 11)

La confidence affleure sans cesse, qu'il s'agisse des passions de l'amour ou du sentiment filial, du sentiment de la nature aussi, et de l'inquiétude, si profonde chez Germaine de Staël. Les souvenirs littéraires sont abondants également, et l'on notera la présence de l'analyse de certaines œuvres littéraires, ainsi de *La Chaumière indienne* de Bernardin de Saint-Pierre : « Je ne sais rien de plus profond en moralité sensible que le tableau de la situation du Paria, de cet homme d'une race maudite, abandonné de l'univers entier, errant la nuit dans les tombeaux, faisant horreur à ses semblables sans l'avoir mérité par aucune faute ; enfin, le rebut de ce monde où l'a jeté le don de la vie. » (O.C., t. III, p. 252)

L'édition des *Œuvres complètes* réalisée par le fils de Mme de Staël réunit non sans raison dans le même volume *De l'influence des passions* et les *Réflexions sur le suicide*, pourtant séparés par un grand laps de temps. Les *Réflexions sur le suicide* sont datées de « Stockholm, décembre 1812 » et ont été publiées en 1813. L'accent personnel y est très sensible, et fait écho à de nombreux passages de lettres de Germaine à Narbonne et à Ribbing. Mme de Staël a toujours été obsédée par le suicide, obsession qu'elle communique volontiers à ses héroïnes. Le suicide de Kleist vient ranimer ses réflexions sur ce thème. Mme de Staël s'efforce, plus qu'elle ne l'avait fait dans ses œuvres antérieures, de réfuter les arguments en faveur du suicide. Comme le traité des passions, cet ouvrage de morale est écrit pour tenter de conjurer les démons intérieurs « J'ai écrit ces réflexions sur le Suicide dans un moment où le malheur me faisait éprouver le besoin de me fortifier par le secours de la méditation. » (O.C., t. III, p. 291) Le plan là encore est clairement énoncé : « Je me propose de présenter la question du suicide sous trois rapports différents : j'examinerai d'abord *quelle est l'action de la souffrance sur l'âme humaine* ; secondement, je montrerai *quelles sont les lois que la religion chrétienne nous impose relativement au suicide*, et troisièmement je considérerai *en quoi consiste la plus grande dignité morale de l'homme sur la terre.* » (O.C., t. III, p. 296-297)

On lira dans ce traité la belle page sur l'enthousiasme qui résume un thème fondamental de la pensée et de l'œuvre de Mme de Staël : « Le véritable enthousiasme doit faire partie de la raison, parce qu'il est la chaleur qui la développe. Peut-il exister une opposition entre deux qualités naturelles de l'âme, et qui sont toutes deux les rayons d'un même foyer ? […] Il y a de la raison dans l'enthousiasme, et de l'enthousiasme dans la raison, toutes les fois que l'une et l'autre ont pris naissance dans la nature, et qu'aucun mélange d'affectation n'en fait partie. » (O.C., t. III, p. 352)

Les carnets de voyage

On a dit un mot du journal qu'elle tient pendant son adolescence et sa première jeunesse et qui appartient bien au registre du journal intime (cf. *supra*). Elle ne semble pas avoir poursuivi cette pratique diaristique mais quand elle voyage — et finalement, contrainte et forcée souvent, elle a beaucoup voyagé — elle tient des journaux de voyage, du plus grand intérêt. Ils constituent un réservoir pour les œuvres ultérieures. Les carnets de notes de *Dix années d'exil* permettent de voir ce qu'aurait pu être la partie manquante. Nous allons aussi retrouver l'importance des carnets de voyage en Italie dans l'élaboration de *Corinne*, des carnets de voyage en Allemagne dans l'élaboration de *De l'Allemagne*. Ce rôle est capital. Nous voyons ainsi l'œuvre « *in progress* ».

Mais pour le moment ce n'est pas en tant que source d'œuvres futures, mais en tant qu'œuvres par eux-mêmes que nous voudrions évoquer ces carnets qui ont été si bien édités par S. Balayé (*Les Carnets de voyage de Mme de Staël, contribution à la genèse de ses œuvres*, Droz, 1971). Ils ne peuvent pas être considérés exactement comme des journaux intimes. À la différence de ce qui se passait pour le journal de jeunesse, Mme de Staël parle peu de ses sentiments personnels — et la comparaison avec la correspondance à la même époque montre bien la spécificité de ces carnets où elle note essentiellement ce qu'elle voit au cours de ses voyages, mais non les sentiments que lui inspirent les amis avec qui elle voyage ou dont elle fait la connaissance.

L'édition que S. Balayé a donnée distingue les carnets du premier voyage en Allemagne (1803-1804), du premier voyage en Italie (1805), du voyage en Russie (1812), du voyage en Suède (1812-1813), du séjour en Angleterre (1813-1814), du deuxième voyage en Italie (1815). Ces carnets couvrent donc une grande partie de la vie de Mme de Staël. La variété et l'abondance des notations révèlent une voyageuse qui, si elle a souvent entrepris ces voyages à contrecœur, une fois en route, sait profiter au maximum de tout ce qu'elle voit et engrange pour les œuvres futures. « Petit jardin en terrasse de Mgr Acquaviva, qu'il faut donner à Corinne, dans sa maison auprès du Mont Pausilippe » (*Les Carnets de voyage...*, p. 161). D'ailleurs toutes les notations ne sont pas toujours utilisées, ou pas exactement comme elle l'avait prévu ; l'abondance des virtualités s'effacera parfois devant les nécessités romanesques.

Il s'agit de notations brèves, le plus souvent, et qui peuvent prendre l'allure de maximes : « Les Romains ressemblent à leur statue (*sic*), un bras d'antique, un pied, tout le reste est moderne. » (*ibid.*, p. 174) On voit que ces remarques ne manquent pas d'humour. La brièveté des notations permet parfois de saisissants tableaux par petites touches pointillistes. Ainsi en Russie : « Couleurs pâles du ciel. Verdure des bouleaux. Peu de diversité dans les arbres. La nature n'est pas inventive. » (*ibid.*, p. 283) Ou encore : « Maisons de toutes couleurs, maisons de sucre. Gigantesque[s] boules d'or sur les églises. Tours rouges, vertes, etc. Déserts, étangs, marais dans l'intérieur de la ville. Superbes palais de bois, espace prodigué. » (*ibid.*, p. 285)

À notre époque où l'on a tendance à élargir la notion de littérarité à des écrits qui auparavant apparaissaient comme de simples documents, on considérera ces carnets comme des œuvres littéraires ayant certes leur rythme propre et obéissant à un type d'écriture de la discontinuité, mais qui n'en ont pas moins une réelle beauté.

La correspondance

Elle appartient à un tout autre registre d'écriture que les carnets. Même si la lettre s'apparente au fragment dans la mesure où chaque lettre marque une discontinuité par rapport à une autre, chaque lettre cependant constitue une unité, ayant une ouverture et une clôture, formant donc un tout en soi, tandis que la notation du carnet demeure ouverte. Adressée à un destinataire, ce qui n'était pas le cas des carnets, elle suppose un dialogue dont nous n'avons souvent qu'une partie, ce qui est regrettable.

Mme de Staël est héritière des grandes épistolières du XVIIIe siècle, et comme elles, sait dans de simples missives atteindre à la perfection du style. Ces lettres sont un écho de ce que pouvait être cette conversation de Mme de Staël si vantée par tous ses contemporains, éblouissante au dire de la plupart d'entre eux, mais dont il ne nous resterait que des témoignages bien fugitifs, s'il n'y avait ces lettres, avec leur faculté, même dans la perfection formelle, de conserver une part d'oralité, et de nous faire entendre la voix de Germaine de Staël.

Ces lettres appartiennent à des registres variés. Mme de Staël a été en relation épistolaire avec les plus grandes personnalités de son temps. Nous avons dit aussi comment plusieurs de ses amants avaient eu un rôle politique important. Si bien qu'amour et politique se trouvent souvent étroitement liés. Ainsi des lettres qui expriment la passion la plus violente ont aussi un intérêt historique. Il y a des lettres purement politiques, des lettres d'amitié — Mme de Staël était une amie très fidèle et très passionnée — des lettres de famille aussi.

Sa dimension européenne amène à retrouver de ses lettres un peu partout : c'est ainsi que Maria Ulrichova a récolté des lettres en Bohême, Piotr Zaborov en Russie, Norman King en Suède. Une publication de la *Correspondance générale* a été entreprise par B.W. Jasinski ; elle n'est pas achevée, mais va déjà jusqu'en 1809. À côté de cette publication par ordre chronologique de toutes les lettres retrouvées, existent aussi des publications regroupées autour d'un seul correspondant ; parmi ces correspondances, citons surtout celles à Narbonne, à Ribbing, à Mme Récamier, à Maurice O'Donell, à Rocca, à Barante, au duc de Wellington (1815-1817).

Comme on ne saurait donner une idée complète de cette correspondance dont l'édition d'ailleurs n'est pas encore terminée, nous évoquerons à titre d'exemple, les lettres écrites pendant son premier séjour en Italie. On sera un peu déçu si l'on y cherche l'histoire de l'élaboration de *Corinne* ; pas plus d'ailleurs dans les lettres qu'elle écrit ensuite, lorsqu'elle travaille plus directement à son roman, elle ne parle pas beaucoup de son labeur d'écrivain. On peut faire la même remarque à propos de la correspondance de George Sand. Pudeur ? Difficulté à parler d'une genèse qui demeure un peu mystérieuse pour le créateur lui-même ? Bien entendu cela n'empêche pas les staëliens de trouver dans telle ou telle anecdote ou dans tel sentiment exprimé dans une lettre, le point de départ d'un épisode du roman : mais Mme de Staël n'en dit presque rien ; sur ce chapitre les carnets sont plus explicites.

Ces « lettres d'Italie » pourraient se regrouper autour de plusieurs centres d'intérêt. Il y a d'abord ce qu'on pourrait appeler des lettres d'affaire et de politique. Mme de Staël a hérité d'une grosse fortune à la mort de Necker, il lui faut la gérer et plusieurs lettres à Fourcault de Pavant, à Dupont de Nemours n'ont pas d'autre objet. Cependant cette gestion n'est pas sans incidence politique, car la France a des dettes considérables envers Necker et Mme de Staël voudrait que Napoléon les assume. Elle s'adresse à plusieurs reprises à Joseph Bonaparte dont elle espère un moment qu'il pourrait être roi d'Italie ; lorsque Bonaparte a décidé de garder pour lui la couronne, elle espère encore qu'il sera un intermédiaire utile. Mais il s'agit de bien davantage que d'une question d'argent : elle voudrait obtenir l'autorisation de vivre à Paris ou du moins de s'en rapprocher. Dans des lettres à des amis, apparaissent aussi des jugements sur la politique napoléonienne ; mais elles risquent toujours d'être interceptées ; aussi se doit-elle de rester allusive.

On lit aussi des confidences à Hochet ou à Mathieu de Montmorency, des missives à Goethe, à Schiller, à Sismonde Sismondi, à Mme Récamier ; des lettres à son fils Auguste de Staël, lorsqu'il est en pension à Paris et où s'expriment à la fois tendresse maternelle et souci pédagogique. Le plus curieux dans cette correspondance serait constitué par ces lettres d'amitié amoureuse envoyées parallèlement à Monti et à Souza. Les biographes de Mme de Staël nous affirment, ce qui est probable, qu'elle n'a été la maîtresse ni de l'un ni de l'autre. Mais les termes qu'elle emploie sont extrêmement passionnés et l'on ne peut voir là un effet d'amplification rhétorique. Elle les supplie de venir à Coppet, de lui écrire, elle affirme que sa vie dépend d'eux, etc. Il semble que l'ardeur ne soit pas vraiment partagée ; ils écrivent moins, ne sont pas pressés de répondre à ses invitations réitérées ; ces lettres apparaissent donc comme une sorte de lamento de la mal-aimée. Ce lamento nous intéresse d'autant plus qu'il peut expliquer certains aspects de la création romanesque : Corinne aussi aime plus qu'Oswald. Mme de Staël envoie un poème à Pedro de Souza : « N'oubliez pas alors la Sibylle étrangère » (*Correspondance générale*, t. V, 2, p. 551), c'est bien cette peur de l'oubli qui angoisse Corinne lorsqu'Oswald retourne en Angleterre. Germaine a parcouru les ruines de Rome avec Souza « au clair de lune presque au moment de [le] quitter ». « J'ai écrit quelques-unes des choses que vous m'avez dites ce jour-là, lui confie-t-elle : je n'inventerai jamais mieux, et j'aime cette intelligence secrète qui s'établira entre nous quand vous lirez *Corinne*. » (*ibid.*, p. 557)

À Vincenzo Monti elle fait part aussi de sa découverte progressive de Rome, de la façon dont peu à peu elle se débarrasse de ses préjugés français. À Rome, elle est saisie par l'idée de la mort : « Je ne me sentirais pas capable de passer ma vie à Rome : on y est tellement saisi par l'idée de la mort, elle se présente sous tant de formes [...] qu'à peine si l'on se croit sûr d'être en vie. » (*Correspondance générale*, p. 527)

Un peu plus tard, le 13 juin 1805 : « Il faut donc quitter cette douce Italie, *bella Italia, amate sponde,* Ah ! que j'ai le cœur serré ! Monti, Monti, soyez attendri en lisant ces lignes que mes yeux remplis de larmes ne voient plus. » (*ibid.*, p. 589) Elle lui fait part aussi de son travail dans une lettre de Chambéry où elle a accompli un pèlerinage en souvenir de l'exil de Monti : « J'étudie le Dante avec ardeur pour qu'à votre arrivée à Coppet vous me trouviez plus avancée encore dans l'italien. Je vais commencer aussi cet ouvrage sur l'Italie qui doit me mériter votre pardon. » (*ibid.*, p. 606), c'est-à-dire combler les grosses lacunes des pages sur l'Italie dans *De la littérature*.

Même si les lettres parlent assez peu de ce travail, on voit néanmoins comment il existe une intense circulation entre les écrits à la première personne et la fiction. Celle-ci est née d'un « autre moi » que le moi social, certes, mais elle s'y alimente ; elle explicite aussi des virtualités que la vie n'a pas permis de réaliser complètement ; elle permet d'être multiple en créant des hommes et des femmes, des Français, des Italiens ou des Écossais, de se projeter dans le passé ou dans des pays éloignés. Le moi devient légion.

Deuxième partie
L'expérience de la fiction

Tentations poétiques et théâtrales
Premières nouvelles

Théâtre et épopée

Dans les premières années de son mariage, en 1786, Germaine de Staël écrivit un drame en trois actes, *Sophie ou les Sentiments secrets*, qui fut publié en 1790. Décor très « romantique » au sens où on l'entend alors : « Le théâtre représente un jardin anglais. On voit, d'un côté, une urne environnée de cyprès, et de l'autre un pavillon fermé. » (*O.C.*, t. XVII, p. 204) Miss Sophie Mortimer est anglaise et a été adoptée par un Français, le comte de Sainville, qui est marié, sans amour, à la comtesse de Sainville. Lord Bedford demande Sophie en mariage, elle refuse. Elle est en effet amoureuse du comte de Sainville qui lui-même lui voue un culte : il a placé son buste qu'il couronne de fleurs dans un pavillon fermé. La comtesse qui découvre cet amour tombe malade. Le temps transformera cet amour en amitié. Lord Bedford s'en va cependant sans avoir épousé Sophie.

Il est facile de voir dans ce drame une transposition des sentiments passionnés de Germaine pour son père. Bedford pourrait aussi être une figure de William Pitt. Cette œuvre opéra-t-elle un effet cathartique, comme le suppose J.-Ch. Herold (*Germaine Necker de Staël,* Plon, 1962, p. 71) ? Il est difficile de l'affirmer, tant l'image paternelle continuera à obséder Germaine. Ce qui nous intéresse peut-être davantage est de voir s'esquisser déjà certains éléments de la thématique de Mme de Staël : la présence de l'Angleterre, le mystérieux refus du mariage (thème à vrai dire fréquent du roman féminin) et ce goût du théâtre, constant chez elle.

Elle écrit également une tragédie, *Jane Gray* (1787), qui fut publiée en 1790 à un très petit nombre d'exemplaires. On ne doit pas croire que la création dramatique chez Mme de Staël est une erreur de jeunesse. En 1806, elle écrit *Agar*, scène lyrique ; en 1808, *Geneviève de Brabant* ; en 1808 aussi *La Sunamite* ; en 1810 une comédie, *Le Capitaine Kernadec* ; en 1811, un proverbe dramatique : *La signora fantastici* et *Le Mannequin*. Tous ces textes figurent dans l'édition des

Œuvres complètes de 1820 (t. XVI et XVII). Même si ce ne sont pas des chefs-d'œuvre, ils méritent de retenir notre attention : on constate la variété des thèmes d'inspiration, puisés dans la Bible ou dans l'Histoire, la présence d'une veine comique à côté de la veine tragique. Enfin le voyage en Allemagne a marqué un tournant important. Les premières œuvres dramatiques étaient en vers ; à partir de *Agar*, elles sont en prose : le théâtre allemand l'aura amenée à rompre avec un laborieux travail de versification dont elle a pu constater l'inutilité.

Une place à part doit être faite à *Sapho*, drame en cinq actes de 1811, inachevé, dont « la première idée a été puisée dans *Corinne* », d'après Auguste de Staël (*O.C.*, t. XVI, p. IX) ; en fait Sapho est un mythe fondamental de l'imaginaire staëlien, celui de la femme douée du génie créateur et qui se heurte à l'incompréhension et au malheur. Sapho aux commencements de la poésie lyrique grecque fait figure de symbole. Elle attend Phaon qui ne vient pas. « L'amour est tout à la fois la source du talent et la puissance qui le consume », fait dire Mme de Staël à Sapho (acte II, scène V, *O.C.*, t. XVI, p. 312). Sapho improvise ; Sapho désespérée « ne peut trouver que dans le suicide le réconfort que la vie lui refuse […] Mme de Staël semble enfermer toutes ses souffrances et celles de ses héroïnes de roman dans ce personnage de Sapho, géniale et célèbre comme elle, vaincue comme elle croit l'être alors. » (S. Balayé, *Mme de Staël. Lumières et liberté*, op. cit., p. 204) Pour ce qui est du style, « Une certaine simplicité de ton antiquisant rappelle les recherches de Goethe et de Schiller : *Iphigénie en Tauride*, *Les Dieux de la Grèce* par exemple. » (*ibid.*, p. 203)

La poésie a tenté également Mme de Staël, et même l'épopée en prose que Chateaubriand vient de mettre à l'honneur avec *Les Martyrs*, qu'elle ne trouve d'ailleurs pas une réussite. À Meister, le 3 avril 1812, elle écrit : « *Les Martyrs* qui, selon moi, sont un ouvrage manqué, m'ont donné l'idée qu'on pourrait faire un ouvrage dans ce genre qui serait très beau. Mais il faudrait pour cela voir le Levant, etc. car toutes les descriptions des lieux qu'on n'a pas vus ressemblent à la rhétorique des sentiments qu'on n'a pas éprouvés. » Elle écrirait « un poème historique sur Richard Cœur de Lion avec l'enthousiasme des croisades ; pour avant-scène quatre héros : Frédéric Barberousse, Philippe Auguste, Richard et Saladin, et la perspective de la liberté anglaise avec la Grande Charte comme dénouement » (cf. S. Balayé, *ibid.*, p. 202).

Ils ne sont pas rares les grands romanciers qui ont voulu être aussi des dramaturges : Sade, Stendhal, pour n'en citer que quelques-uns. Si leur réussite nous semble se situer dans le roman, ces tentatives ne sont pourtant pas à négliger. La théâtralité informera fondamentalement leur œuvre romanesque. Le caractère théâtral de *Corinne* est évident : l'héroïne et sa créatrice ont le sens de la représentation et de la mise en scène. Quant à *Richard cœur de Lion*, le roman est aussi la forme moderne de l'épopée ; on retiendra aussi ce principe de Mme de Staël : ne pas décrire des pays que l'on n'a pas vus : c'est là une des motivations de son voyage en Italie.

Les premières nouvelles

En 1785 et 1786 Germaine a écrit trois nouvelles, *Mirza, Adélaïde et Théodore, L'Histoire de Pauline* qui sont publiées en 1795 dans le *Recueil de morceaux détachés* qui contient aussi l'*Essai sur les fictions*. La critique n'a guère prêté attention à ces nouvelles et c'est peut-être dommage (voir cependant une réédition chez Desjonquières). Certes on y trouve beaucoup de clichés d'époque, mais aussi on y voit se dessiner bien des éléments de la thématique et de la dynamique romanesque de Mme de Staël.

Mirza est sous-titré « Lettre d'un voyageur » au Sénégal : « J'appris à Gorée, il y a un mois, que monsieur le gouverneur avait déterminé une famille nègre à venir demeurer à quelques lieues de là, pour établir une habitation pareille à celle de Saint-Domingue ; se flattant, sans doute, qu'un tel exemple exciterait les Africains à la culture du sucre, et qu'attirant chez eux le commerce libre de cette denrée, les Européens ne les enlèveraient plus à leur patrie, pour leur faire souffrir le joug affreux de l'esclavage. » (*O.C.*, t. II, p. 205) Le texte a donc un aspect politique ; la Révolution, prolongeant la réflexion des Lumières, a été soucieuse du problème de l'esclavage, même si elle ne l'a pas résolu. L'histoire de Ximéo apparaît d'abord comme une démonstration d'une solution : que les noirs cultivent eux-mêmes librement le sucre et qu'ils en fassent commerce avec les Européens — ce qui n'empêche pas le texte de véhiculer certains *topoï* contre la paresse naturelle des « Nègres ».

Bien vite cependant un autre thème apparaît. En effet Ximéo est pris d'accès de mélancolie et finalement va en confier la cause au voyageur. Il est marié avec Ourika, mais garde la nostalgie de son amour pour Mirza et c'est bien là que se dessine déjà un schéma staëlien. Ourika représente la vie familiale tranquille comme la représentera Lucile dans *Corinne*. Mirza est une Corinne sauvage, douée d'un esprit exceptionnel : « Ce n'était plus une femme, c'était un poète que je croyais entendre parler ; et jamais les hommes qui se consacrent parmi nous au culte des dieux, ne m'avaient paru remplis d'un si noble enthousiasme. » (*O.C.*, t. II, p. 213) Passionnée, dévouée absolument à son amour, elle en mourra. Ximéo, quant à lui, possède, déjà esquissés, des traits du héros masculin tel que le crée Mme de Staël. Il est indécis, hésite entre ces deux femmes, se marie avec Ourika, parce qu'il pense que son père n'accepterait pas qu'il se marie avec une femme d'une tribu ennemie (*ibid.*, p. 217). Il n'annonce son mariage à Mirza qu'après coup. Il retourne vers elle, comme Oswald retournera en Italie : « J'espérais adoucir le coup que j'allais lui porter, je le croyais possible ; quand on n'a plus d'amour on n'en devine plus les effets [...] De quel sentiment je fus rempli en parcourant ces mêmes lieux témoins de mes serments et de mon bonheur ! Rien n'était changé que mon cœur, et je pouvais à peine les reconnaître. » (*ibid.*, p. 217) Mirza s'est suicidée après avoir sauvé la vie à Ximéo et celui-ci vient gémir sur le tombeau de Mirza : « Là, seul quand le soleil se couche, quand la nature entière semble se couvrir de mon deuil, quand le silence universel me permet de n'entendre plus que mes pensées, j'éprouve, prosterné sur ce tombeau, la jouissance du malheur, le sentiment tout entier de ses peines ; mon imagination exaltée crée quelquefois des fantômes ; je crois la voir, mais jamais elle ne m'apparaît comme une amante irritée. Je l'entends qui me console et s'occupe de ma douleur. Enfin, incertain du sort qui nous attend après nous, je respecte en mon cœur le souvenir de Mirza, et crains, en me donnant la mort, d'anéantir tout ce qui reste d'elle. » (*O.C.*, t. II, p. 226) Ximéo se résigne donc à vivre un apparent bonheur familial avec Ourika.

Adélaïde et Théodore se situe dans la France d'Ancien Régime. Adélaïde a été mariée sans amour à un homme beaucoup plus âgé qu'elle. Devenue veuve, elle aime Théodore et se marie en secret avec lui, car sa mère s'oppose à ce mariage. Ils vivaient heureux à la campagne, ils vont à Paris, Théodore s'imagine à tort que sa femme est courtisée par le comte d'Elmont. Une « avidité de malheur » (*O.C.*, t. II, p. 250) lui fait garder le silence. Ce malentendu tragique va amener la maladie puis la mort de Théodore. Adélaïde ne lui survit que pour donner naissance à leur fils et se tue dès sa naissance. On sera sensible à certains moments de tragique intense qui relèvent ce que cette histoire pourrait avoir de convenu : « Il y a des malheurs qu'on ne peut concevoir d'avance ; c'est la mort ; rien n'en donne l'idée. » (*ibid.*, p. 254-255)

L'Histoire de Pauline combine le contexte colonial de *Mirza* et le thème du secret, mais en l'approfondissant davantage. L'histoire commence à Saint-Domingue. Pauline y est, fort jeune, la victime du libertin Meltin : « Il passait pour un honnête homme parce qu'il n'avait été cruel et perfide qu'avec les femmes. » (*O.C.*, t. II, p. 273) Grâce à une amie, elle lui échappe et vient en France. Là elle va épouser un homme qui l'aime passionnément, mais ignore son passé. À plusieurs reprises elle est prête à le lui avouer mais en est détournée par sa protectrice qui détruit ses lettres. Jusqu'au jour où Édouard, dans une conversation au Havre, est informé du passé de Pauline. Pauline en meurt. Elle pense que Dieu lui a pardonné ses fautes : « Mais le bonheur de l'amour tient encore à des sentiments plus délicats ; les erreurs de ma jeunesse, le tort plus grand encore d'avoir pu te les cacher, ont flétri pour jamais cette félicité, qui par sa perfection même ne pouvait souffrir d'altération. » (*ibid.*, p. 318-319) On retrouve évidemment des clichés d'époque : le personnage du libertin, les lettres qui ne parviennent pas, le silence tragique entre les amants. Mais Mme de Staël sait déjà créer une certaine profondeur qui provient de l'analyse du remords — analyse qu'elle développera encore dans *Corinne*, où l'on retrouvera aussi le thème de l'aveu différé, mais double. « Le passé inséparable du présent la poursuivait sans cesse. » (*O.C.*, t. II, p. 285) Pauline est musicienne, et Corinne le sera davantage ; elle prend sa harpe et chante une romance. Faut-il voir aussi une confidence de la douleur de perdre un enfant dans ce « Malheur à celle qui n'a pas connu le bonheur d'être mère ! plus malheureuse mille fois la femme infortunée qui l'a connu pour le perdre, et voit dans chaque année qui s'écoule celle qui devait accroître les qualités ou les charmes de son enfant ! » (*ibid.*, p. 309) La petite Gustavine de Staël est morte en 1789, âgée d'à peine deux ans.

Zulma, nouvelle sans doute composée bien antérieurement, est publiée en 1794. « Cet épisode était d'abord destiné à tenir lieu du chapitre de l'Amour, dans un ouvrage sur l'Influence des Passions. » (*O.C.*, t. III, p. 323) Mme de Staël se décide finalement à une publication séparée. On sait que de même *René* et *Atala* furent successivement rattachés au *Génie du christianisme* et publiés à part. Il était de mode d'illustrer une analyse par une anecdote, et éventuellement de se servir de cette anecdote comme premier lancement du livre. *Zulma* qui est antérieure à *Atala* présente des ressemblances avec le récit de Chateaubriand. Mme de Staël, comme lui, a pensé que l'amour « ne pouvait avoir toute l'énergie imaginable que dans une âme sauvage et un esprit cultivé » (*O.C.*, t. III, p. 323). Le narrateur est « prisonnier chez les sauvages qui habitaient les bords de l'Orénoque ». Il a appris la langue des indigènes, il est protégé par un vieillard, comme René l'est par Chactas. Tout ce personnel romanesque est donc habituel à cette époque. Le narrateur assiste au jugement de Zulma, jeune fille passionnée qui a tué par jalousie son amant et qui présente sa défense devant le tribunal des vieillards. Elle avait aimé absolument l'homme qui l'a trahie. « L'amour qui m'unissait à lui ne peut égarer, ne peut rendre criminelle ; il est au-dessus des lois, des opinions des hommes, il est la vérité, la flamme, le pur élément, l'idée première du monde moral. » (*ibid.*, p. 344-345) Femme forte, elle affirme son identité dans son amour : « J'existe si fortement en moi-même, que me montrer une autre est au-dessus de mon pouvoir. » (*ibid.*, p. 345-346) Elle n'a plaidé sa cause si éloquemment que pour éviter à sa famille d'être pénalisée et exilée ; mais, une fois acquittée, elle se tue, ne pouvant supporter de survivre à celui qu'elle aime. Voilà bien de quoi illustrer un traité des passions. Mais de même que *René* et *Atala* ne démontrent que de façon oblique et un peu suspecte le génie du christianisme, *Zulma* est si éloquente qu'on ne sait si elle démontre le danger ou la beauté de la passion.

Un roman par lettres : *Delphine*

La genèse

Delphine semble avoir été commencé en avril 1800, donc dès la publication de *De la littérature*. À la mi-mai Mme de Staël quitte Paris pour Coppet. Le 1er octobre, elle écrit à son ami Hochet : « Je continue mon roman » et annonce : « il sera fait dans un an, à ce que je crois ». Elle se targue, bien à tort, nous le verrons, de ne pas y avoir mis un mot de politique : « Il n'y aura pas un mot de politique, quoiqu'il se passe dans les dernières années de la Révolution. Que dira-t-on de cette abstinence ? » (*Correspondance générale*, t. IV, p. 326) S'agit-il simplement de rassurer Hochet ? Ou bien le roman alors est-il assez différent de la version définitive (le rôle de la politique va croissant vers la fin du roman), enfin qu'entend Mme de Staël par « les dernières années de la Révolution » ? S'agit-il de la Terreur qui marquerait pour elle la fin de la Révolution ? On voit dans les *Considérations sur la Révolution française*, plus tardives il est vrai, un empan chronologique plus vaste. Peut-être également pour rassurer Hochet, elle lui assure qu'elle sera « frivole » cet hiver.

Au début de novembre, elle interrompt son roman, quitte Coppet et arrive à Paris. L'hiver 1800-1801 est en effet occupé par des activités mondaines, réceptions, bals, etc. Son salon est un des hauts lieux parisiens : les ex-jacobins, les royalistes, d'anciens émigrés, des ambassadeurs étrangers, les frères et sœurs de Bonaparte le fréquentent. La diversité des opinions qui y règne trouvera un écho dans le roman. Les rapports avec Bonaparte se gâtent, cependant, comme on l'a vu plus haut.

Elle reste à Paris jusqu'en mai 1801 où elle revient à Coppet, puis retourne à Paris pour la saison d'hiver. Ces alternances Paris-Coppet lui conviennent. Mais la publication de *Delphine* en décembre 1802 provoque la fureur de Bonaparte qui lui interdit Paris, tandis qu'elle suscite l'admiration de nombreux lecteurs en France et à l'étranger. Le *Journal des Débats*, dans un article inspiré par le pouvoir, critique les « principes très faux, très antisociaux, très dangereux » qu'il voit dans ce roman. Aussi dans la seconde édition, Germaine de Staël s'explique-t-elle sur la signification de l'œuvre dans « Quelques réflexions sur le but moral de *Delphine* » (cf. *O.C.*, t. VII). L'article de Fiévée dans *Le Mercure* est agressif et attaque directement Mme de Staël, de façon assez grossière, derrière ces « femmes malheureuses », mais de forte santé qui « ont à se plaindre de tout le monde » et qui sont « tout bonnement des égoïstes exaltées ».

Les sources

Les sources de *Delphine* ? On peut les trouver, et nombreuses. Elles résident d'abord dans l'œuvre même de Mme de Staël, dans les premières nouvelles que nous avons étudiées, et dans *De la littérature* dont la publication est toute proche. Mme de Staël a beaucoup lu. Nul doute qu'elle n'ait à l'esprit le modèle épistolaire par excellence : *Les Liaisons dangereuses* (quoiqu'elle le trouve immoral) mais aussi toute une tradition du roman épistolaire féminin au XVIIIe siècle qui aboutit à Mme de Charrière. *La Nouvelle Héloïse*, roman épistolaire d'un tout autre registre que celui de Laclos, se conjugue cependant avec *Les Liaisons dangereuses* dans *Delphine*. Mme de Staël est nourrie aussi de *Werther*. Dans *De la littérature*, elle donne un aperçu de ce roman et S. Balayé voit à juste titre dans le jugement sur *Werther*, comme le noyau de *Delphine* : « Le caractère de Werther [...] représente dans toute sa force le mal que peut faire un mauvais ordre social à un esprit énergique. » (*De la littérature*, GF, 1991, p. 259) « Goethe [...] voulait peindre ce mélange de maux, qui seul peut conduire un homme au dernier degré du désespoir. Les peines de la nature peuvent laisser encore quelques ressources : il faut que la société jette ses poisons dans la blessure [...] pour que la mort devienne un besoin. » (*ibid.*) « Souvent peut-être des créatures excellentes que poursuivaient l'ingratitude et la calomnie, ont dû se demander si la vie, telle qu'elle est, pouvait être supportée par l'homme vertueux, si l'organisation entière de la société ne pesait pas sur les âmes vraies et tendres et ne leur rendait pas l'existence impossible. » (*ibid.*, p. 260) « La lecture de *Werther*, poursuit Mme de Staël, apprend à connaître comment l'exaltation de l'honnêteté même peut conduire à la folie ; elle fait voir à quel degré de sensibilité l'ébranlement devient trop fort pour qu'on puisse soutenir les événements même les plus naturels. » (*ibid.*) Villers, dans une lettre à Mme de Staël du 4 mai 1803, avait bien senti cette marque de *Werther* sur *Delphine* (Mme de Staël, Ch. de Villers, B. Constant, *Correspondance*, P. Lang, 1993, p. 46-47). Pendant l'hiver 1800-1801, Mme de Staël a lu aussi *Atala*. Le conflit de l'homme et de la société fournit un réseau de thèmes à de nombreux romans des premières années du XIXe siècle, où il alimente une mélancolie qui peut aller jusqu'au désir de mort. Dans cette analyse de *Werther* par Mme de Staël on sentira aussi l'ombre de Rousseau — à cette époque, la thèse de son suicide était accréditée.

Au creuset de la création se mêlent lectures et expériences personnelles. Mme de Staël a bien connu cette société où coexistent les principes mondains de l'Ancien Régime et les soubresauts de la Révolution. On a voulu voir dans le couple Delphine-Léonce la projection du couple Germaine-Narbonne, et l'on ne peut éviter que les critiques voient toujours des confidences personnelles dans les romans écrits par des femmes. Certes, comme le souligne J.-Ch. Herold, « Léonce-Narbonne est une personnalité divisée. Son éducation et son code le placent du côté des institutions et des valeurs établies ; sa sensibilité naturelle l'attire aux côtés de Delphine. » J.-Ch. Herold voit ainsi des hommes connus par Mme de Staël derrière tous les principaux personnages : Monsieur de Staël derrière M. de Valorbe ; Monsieur de Serbellane serait le comte Melzi ; monsieur de Lebensei « un Benjamin Constant idéalisé » (*Germaine Necker de Staël, op. cit.*, p. 244). On peut pousser encore plus loin ce jeu des masques, mais à vrai dire cela ne nous apprend guère que ce qui est évident : tout sert à un écrivain, mais tout aussi est métamorphosé par les nécessités de l'écriture romanesque et par les pouvoirs de l'imagination.

Le travail du texte

Ce qu'il y a de sûr, c'est que Mme de Staël a beaucoup travaillé, et nous le savons grâce à l'étude des brouillons à laquelle s'est livrée Lucia Omacini (cf. « La Genèse de *Delphine* ou l'autre du texte », in *Sortir de la Révolution*, « Manuscrits modernes », P.U.V., 1994, et l'édition critique de *Delphine*, avec S. Balayé, Droz, 1987-1990). Quoiqu'une grande partie de l'avant-texte soit perdue, on connaît celui de deux parties, la cinquième et la sixième rédigées en deux versions, et quelques fragments de la première et de la deuxième. Mme de Staël semble avoir écrit vite : « les périodes procédant par grandes envolées, presque à perte de souffle », écrit L. Omacini ; quant aux ratures, elles sont pour la plupart interlinéaires et donc ajoutées après coup, lors d'une relecture. « La deuxième version, tout en révélant une grande aisance scripturale, est dans l'ensemble plus surchargée » ; elle n'est pas encore celle qui a été donnée à l'éditeur. Dans certains cas L. Omacini a pu trouver jusqu'à cinq versions manuscrites de *Delphine*. Mme de Staël remaniait « inlassablement son texte jusque sur épreuves » ; elle « n'en finit pas d'accroître son texte par des rajouts », car les corrections consistent davantage dans des développements que dans des suppressions. Mme de Staël a augmenté progressivement le nombre des lettres, a introduit de nouveaux personnages « fournissant des échanges épistolaires divers, des points de vue supplémentaires ». « De même que la matière du roman se dilate par inclusion de grands blocs narratifs, de même la phrase s'allonge sous l'impulsion de grands et petits rajouts. » (L. Omacini, in *Sortir de la Révolution*, p. 116-117)

Les paratextes

La préface de la première édition entreprend la défense des romans, thème fréquent dans les préfaces de ce genre d'ouvrages qui a, depuis la fin du XVIIe siècle, connu à la fois des succès foudroyants et d'âpres critiques des esthéticiens et des moralistes. Mme de Staël y énumère les romans qui lui semblent capitaux : « *Clarisse, Clémentine, Tom Jones, La Nouvelle Héloïse, Werther* [plus loin elle citera *La Princesse de Clèves*] : ils ont pour but de révéler ou de retracer une foule de sentiments dont se compose, au fond de l'âme, le bonheur ou le malheur de l'existence. » Et Mme de Staël émet ce principe : « Les événements ne doivent être que l'occasion de développer les passions du cœur humain », tandis que « l'Histoire ne nous apprend que les grands traits manifestés par la force des circonstances, mais elle ne peut nous faire pénétrer dans les impressions intimes. » (*O.C.*, t. V, Préface de *Delphine*, p. IV et V)

Cette préface est un hymne à l'imagination, que Baudelaire appellera la reine des facultés, et avant lui les poètes lakistes. Comme les romantiques anglais, Mme de Staël entend distinguer deux facultés que l'on a tort de confondre. « Il faut distinguer l'imagination qui peut être considérée comme l'une des plus belles facultés de l'esprit, et l'imagination dont tous les êtres souffrants et bornés sont susceptibles. L'une est un talent, l'autre une maladie ; l'une devance quelquefois la raison, l'autre s'oppose toujours à ses progrès ; on agit sur l'une par l'enthousiasme, sur l'autre par l'effroi. » (*ibid.*) L'imagination la plus noble et la plus créatrice n'a donc pas à être opposée à la raison. Loin de là. « L'imagination qui a fait le succès de tous ces chefs-d'œuvre (littéraires) tient par des liens très forts à la raison ; elle inspire le besoin de s'élever au-delà des bornes de la réalité, mais elle ne permet de rien dire qui soit en contraste avec cette réalité même. » (*ibid.*)

L'« avertissement de l'auteur pour cette nouvelle édition », que reproduit l'édition des *Œuvres complètes* (1820, t. V), explique aussi le changement du dénouement que Mme de Staël a opéré sous l'effet de critiques qui avaient été faites au dénouement initial et à la suite de son changement d'attitude envers le suicide (en fait, comme l'a montré L. Omacini, elle avait hésité entre quatre dénouements possibles) : « On m'a dit que ce dénouement n'était pas l'effet immédiat des caractères, et qu'il ôtait au roman de *Delphine* le mérite qu'il a peut-être de ne contenir que des circonstances amenées par les sentiments. » (*O.C.*, t. V, p. i) Ce dénouement qui écarte le suicide ne figure pas dans les éditions données du vivant de Mme de Staël, mais seulement dans les *Œuvres complètes* publiées par son fils en 1820. Le dénouement primitif avait des mérites que souligne l'auteur : « celui de retracer avec quelque force les circonstances déchirantes qui accompagnent la mort de ceux qu'on fait périr pour des opinions politiques » (*ibid.*, p. ij). La présence de l'histoire révolutionnaire y est plus sensible. Le dénouement des *Œuvres complètes* est plus purement psychologique et la mort de Delphine consumée de douleur est plus proche de celle de Corinne.

On peut rattacher aux paratextes les « Quelques réflexions sur le but moral de *Delphine* » que l'édition des *Œuvres complètes* reproduit à la fin du dernier volume de *Delphine* (O.C., t. VII). Défendre la moralité des romans constitue un *topos* des paratextes ; ici cependant il prend une acuité toute particulière du fait que Mme de Staël répond à des attaques, en particulier de Bonaparte. De la question rebattue de la moralité des romans, Mme de Staël se dégage vite au profit d'un autre thème, à vrai dire autrement dangereux : celui de l'organisation de la société et de la place donnée aux femmes. « C'est une question intéressante à se proposer que de savoir pourquoi la société en général est infiniment plus sévère pour les fautes qui tiennent à une trop grande indépendance de caractère, à des qualités trop peu mesurées, à une âme trop susceptible d'enthousiasme, que pour les torts de personnalité, de sécheresse et de dissimulation. » (O.C., t. VII, p. 334) Elle explique ce phénomène par l'esprit de corps, par le désir de la société de se maintenir telle qu'elle est. « On a dit que l'hypocrisie était un hommage rendu à vertu ; la société prend cet hommage pour elle. » (*ibid.*, p. 335) « La supériorité de l'esprit et de l'âme suffit à elle seule pour alarmer la société. La société est constituée pour l'intérêt de la majorité, c'est-à-dire des gens médiocres. » (*ibid.*, p. 336) Le roman montre « comment avec un esprit supérieur on fait plus de fautes, que la médiocrité même, si l'on n'a pas une raison aussi puissante que son esprit » (*ibid.*, p. 337). Il ne faut donc pas voir dans *Delphine* une apologie de la passion adultère. Critique du personnage de Delphine ? Plus encore critique de la société : « La moralité de ce roman ne se borne pas à l'exemple de Delphine ; j'ai voulu montrer aussi ce qui peut être condamnable dans la rigueur que la société exerce contre elle » (*ibid.*, p. 338) ; « toutes les pages de *Delphine* rendent à la bonté le culte qui lui est dû, et, sous ce rapport encore, il me semble que cet ouvrage est utile » (*ibid.*, p. 339). Suit enfin une analyse des caractères, de celui de Delphine, de Matilde et de Léonce et des nécessités romanesques qui ont dicté les choix de Mme de Staël. *Delphine* constitue un hommage à l'amour, comme la plupart des romans, mais ce n'est pas en cela qu'ils sont dangereux : « Dans notre pays et dans notre siècle, ce n'est pas l'amour qui corrompt la morale, mais le mépris de tous les principes causé par le mépris de tous les sentiments. » (*ibid.*, p. 356) « La puissance d'aimer est la source de tout ce que les hommes ont fait de noble, de pur et de désintéressé sur cette terre. » (*ibid.*, p. 357)

Reste enfin la question du suicide ; Mme de Staël s'insurge contre l'injuste et absurde accusation qui en fait une conséquence de la philosophie. Se référant donc au dénouement des éditions publiées de son vivant, Mme de Staël ajoute : « Je n'ai point prétendu, dans *Delphine*, discuter le suicide, cette grande question qui inspire tant de pitié à la fois pour la folie et pour la raison humaine ; et je ne pense pas qu'on puisse trouver un argument pour ou contre le suicide, dans l'exemple d'une femme qui, suivant à l'échafaud l'objet de toute sa tendresse, n'a pas la force de supporter la vie sous le poids d'une telle douleur. » (*ibid.*, p. 359)

L'intrigue

Elle conjugue admirablement la linéarité d'un roman de la passion malheureuse avec la complexité de plusieurs vies de femmes qui sont évoquées comme exemples ou contre-exemples. Delphine est veuve de M. d'Albémar, mari pour qui elle avait de l'estime mais non de l'amour et qui était beaucoup plus âgé qu'elle. Elle rencontre Léonce de Mondoville et ils pourraient s'aimer et se marier, si n'intervenaient les machinations de Mme de Vernon qui veut marier sa fille Matilde à Léonce. Mme de Vernon s'arrange pour faire croire à Léonce que Delphine aime M. de Serbellane qu'elle a reçue chez elle pendant vingt-quatre heures. En fait c'était pour permettre à une amie, Thérèse d'Ervins, de revoir son amant une dernière fois avant la séparation exigée par le mari : l'épisode tourne mal, le mari arrive, duel avec l'amant où le mari trouve la mort. Par générosité, Delphine ne dit pas la vérité qui compromettrait son amie ; cette équivoque va amener le drame. Léonce épouse donc Matilde, femme froide et dévote, qu'il n'aime pas. Lorsqu'il découvre l'innocence de Delphine et le rôle de Mme de Vernon, il est trop tard. Cependant il va rendre visite chaque jour à Delphine, en respectant ses « devoirs ». Ce respect devient de plus en plus difficile, et Delphine, la mort dans l'âme, décide de se séparer de Léonce. Mais son amie Thérèse lui demande d'assister à sa prise de voile qui a lieu dans l'église même où s'est marié Léonce. Delphine et Léonce connaissent alors une crise de délire, Léonce demande à Matilde de prononcer dans cette église même la promesse de l'aimer ; tous deux à la suite de cette scène très violente tombent gravement malades, Delphine, surtout, que soignent Léonce et Louise, belle-sœur de Delphine.

M. de Valorbe, envers qui Delphine se sent une dette de reconnaissance parce qu'il a autrefois sauvé la vie de M. d'Albémar, voudrait l'épouser. Il est poursuivi par les révolutionnaires et Delphine lui donne asile. D'où naît encore un malentendu. La jalousie de Léonce amène une altercation avec Valorbe qui devrait se terminer par un duel que Delphine parvient à éviter de justesse, et pour sauver la vie de Léonce, elle se laisse extorquer une promesse tacite de mariage avec Valorbe. Valorbe part, en croyant, comme le croient aussi Delphine et Léonce, que l'affaire du duel esquivé ne s'ébruitera pas ; mais le funeste M. de Fierville a vu Valorbe et Léonce sortir de chez Delphine et fait courir le bruit qu'ils sont tous deux amants de Delphine. Celle-ci ne parvient pas à rétablir la vérité aux yeux de la société malveillante et reçoit un affront public au concert de Mme de Saint-Albe.

Matilde s'efforce, dans son ignorance, de proclamer l'innocence de Delphine ; mais celle-ci émue par tant de générosité, se laisse aller à un demi-aveu de sa passion pour Léonce. Matilde obtient d'elle la promesse de partir. Delphine — qui se rend compte aussi que Léonce, quoiqu'il la défende devant l'opinion, risque cependant d'être sensible à l'exclusion de la société dont elle est victime —, par vertu, mais aussi par crainte de voir se détériorer sa passion, décide de partir, à son insu, en Suisse et la quatrième partie s'achève sur ce départ pathétique qui jette Léonce dans un désarroi proche de la folie.

L'intention de Delphine n'était pas de se faire religieuse, mais seulement de trouver un refuge dans un couvent. Elle va être encore victime de machinations. La supérieure du couvent, Mme de Ternan, tante de Léonce et qui lui ressemble de façon troublante, désire qu'elle demeure dans ce couvent et y prononce des vœux ; elle est soutenue dans ce projet par la mère de Léonce qui redoute que, si Matilde mourait, Delphine devienne sa belle-fille. D'autre part, Mme de Cerlebe désire lui faire épouser M. de Valorbe qui a retrouvé sa piste et la poursuit. Il organise un véritable guet-apens qui compromet gravement Delphine. Redoutant d'être encore une fois victime de l'opinion et de la jalousie de Léonce s'il apprenait qu'on l'a trouvée enfermée avec M. de Valorbe, elle accepte le chantage de Mme de Ternan qui ne l'accueille à nouveau dans le couvent qu'à condition qu'elle y prononce des vœux hâtés par une dispense de noviciat. Voilà donc Delphine devenue religieuse sans l'avoir vraiment voulu.

Matilde meurt. Léonce et Delphine pourraient se marier, n'étaient ces vœux religieux prononcés à contre-cœur par Delphine. M. de Lebensei fait valoir que la Révolution a aboli les vœux ecclésiastiques et que par conséquent rien ne s'oppose au mariage, d'autant que ces vœux forcés, même dans des perspectives religieuses, sont sans valeur. Delphine, sans rompre ouvertement avec le couvent, décide d'aller aux eaux de Baden où elle retrouve Léonce. Cependant leur bonheur n'est pas parfait et Delphine s'écrie : « Non, il ne s'abandonne pas sans regrets à notre avenir. » (O.C., t. VII, p. 287) Elle sent des réticences chez Léonce qui « déteste [sa] faiblesse » (*ibid.*, p. 295) mais est incapable de résister aux préjugés de l'opinion. Un jour où ils entendent une musique militaire, Léonce prend la décision d'aller rejoindre l'armée des princes. Delphine le suit, aidée par M. de Serbellane.

La « conclusion » apprend au lecteur que Léonce a été pris par les révolutionnaires ; il va être exécuté. Delphine tente de le sauver ; elle convainc le président du tribunal révolutionnaire de l'innocence de Léonce ; mais arrive un commissaire de Paris qui est impitoyable. Léonce cependant pourrait encore être sauvé, s'il acceptait d'écrire une lettre où il renierait la contre-révolution, ce qui lui semble contraire à son honneur. L'exécution de Léonce devient donc inévitable. Delphine passe avec lui en prison ce qui est à la fois leur première et leur dernière nuit. Elle absorbe le poison que contient une bague donnée par Serbellane puis accompagne Léonce au supplice et meurt quelques instants avant Léonce qui réclame d'être exécuté, alors que les soldats s'attendrissent. M. de Serbellane « réunit dans un tombeau » Léonce et Delphine. Les dernières lignes de la conclusion sont constituées par un fragment de lettre de Serbellane : peut-être, pense-t-il, Léonce et Delphine sont-ils réunis par la bonté de l'Être suprême, au-delà de la mort. Dans le second dénouement, Mme de Staël qui est devenue sévère pour le suicide, imagine que Delphine meurt de mort naturelle, et que Léonce est tué en combattant avec les royalistes vendéens. Mais on est en droit de préférer le premier dénouement plus pathétique.

Linéarité d'un destin donc où interfèrent la fatalité des caractères et celle de l'Histoire, mais aussi complexité des nombreux « tiroirs » qui tous cependant se rattachent étroitement à l'action dans la mesure où ils influent sur elle soit par des intrigues, soit par des parallélismes. On peut donc lire plusieurs destins de femmes dans ce roman, à côté de celui de Delphine. Mme de Vernon, dont le rôle a été si funeste, se rachète en quelque sorte, en racontant sa vie *in articulo mortis* et en expliquant comment par son éducation, par son mariage, elle a été amenée à toujours dissimuler et n'a jamais été aimée de personne sinon de Delphine qu'elle a trahie. Mme d'Ervins illustre les dangers de la passion et les remords : ayant causé le duel et la mort de son mari, elle subit l'influence de prêtres qui l'amènent à choisir le couvent, et à renoncer à faire le bonheur de son amant, M. de Serbellane. Mme de Lebensei illustre un autre type de destin : mal mariée à un Hollandais, elle a profité de la législation protestante pour divorcer et épouser Lebensei ; mais elle est exclue de la société parce que divorcée, et Matilde n'accepte pas de la recevoir. Autre cas de figure encore : Mme de Belmont ; elle a épousé, contre sa famille, un homme qui est aveugle et ruiné. Retirée du monde, elle vit avec lui un pur bonheur à la campagne où ils font de la musique, jouissent de la nature et élèvent leur enfants. Toutes ces amies de Delphine présentent diverses possibilités que Delphine refuse. À la fin du roman, un nouveau tiroir explique comment Mme de Ternan est devenue religieuse par angoisse de la vieillesse, et pourquoi elle est despotique, faute d'avoir pu se faire aimer.

L'architecture de l'ensemble, malgré cette complexité, demeure très ferme, en ce que chaque partie marque une étape essentielle et se termine sur une scène dramatique qui la clôt, tout en laissant au lecteur l'espoir d'une suite. La première partie se termine par le mariage de Léonce et de Matilde, mariage pendant lequel Léonce a cru voir apparaître dans l'église une ombre : c'était Delphine voilée. La deuxième partie se clôt par le récit de la mort de Mme de Vernon, après qu'elle a révélé l'innocence de Delphine. La troisième s'achève sur la maladie de Delphine, qui semble mortelle, après la scène du serment d'adultère dans l'église. La fin de la troisième partie présente une symétrie et comme une réponse tragique à la fin de la première. La quatrième partie est ponctuée par une lettre de Delphine à Mme d'Ervins où elle lui annonce qu'elle quitte Paris et se retire dans un couvent, sorte de mort sociale qui peut sembler symétrique de la mort physique de Mme de Vernon à la fin de la deuxième partie. La cinquième partie se termine par la mort de M. de Valorbe qui voulait épouser Delphine et l'avait calomniée. Il la justifie aux yeux de Léonce, comme Mme de Vernon l'avait justifiée avant de mourir. La sixième partie, quelle que soit la version que l'on adopte, aboutit à la mort de Léonce et de Delphine. On voit donc que chaque partie est ponctuée par la mort, thème obsédant de ce roman.

Un autre élément capital dans l'intrigue est celui du malentendu ; certes, le roman en a beaucoup usé ; il permet drames et rebondissements, succession d'ombres et de lumière. Il accentue le tragique dans la mesure où il amène des situations douloureuses dont les personnages principaux s'aperçoivent trop tard qu'elles auraient très bien pu être évitées, si la vérité avait été connue plus tôt. Ainsi du mariage de Léonce et de Matilde. Mais aussi l'entrée précipitée au couvent de Delphine qui, en voulant éviter un scandale qui rebondirait sur l'amour que Léonce lui porte, met en fait un obstacle supplémentaire à leur réunion ultérieure. Ce thème du malentendu se conjugue avec celui des promesses intenables et contradictoires. Ainsi dans la quatrième partie, sous l'effet de l'angoisse, Delphine promet successivement à Léonce de lui appartenir, à Valorbe de ne pas se refuser à l'épouser plus tard, à Matilde de partir et de ne plus revoir Léonce. Les vœux religieux font aussi partie de ses promesses intenables.

Si l'intrigue est parfois complexe, son architecture est donc impeccable et les six parties sont très équilibrées : dans l'édition des *Œuvres complètes*, trois volumes dont chacun contient deux parties à peu près égales. On ne peut savoir si Mme de Staël avait fait des plans préalables très rigoureux ; peut-être n'est-ce pas le cas, et l'équilibre final serait davantage le fruit d'un travail exercé sur une masse romanesque dont nous avons vu qu'elle était en continuelle expansion. (Pour voir de plus près ce travail on se reportera au t. I de l'édition de *Delphine* par S. Balayé et L. Omacini, Droz, 1987.)

Un roman épistolaire

Mme de Staël a choisi la forme du roman par lettres, forme chère au XVIIIe siècle et qui convient bien à une société où les relations mondaines et la conversation, dont la lettre est la forme écrite, tiennent une telle place. Avec une grande habileté, elle joue des ressources que donne le jeu de correspondances entrecroisées. À la correspondance entre Léonce et Delphine, s'ajoutent des lettres de Mme de Vernon, de Mme d'Ervins, des Lebensei, etc. Le roman par lettres implique aussi qu'une grande importance soit donnée au personnage du confident, en quoi il tient du théâtre classique. Léonce se confie à M. Barton, confident sûr, mais qui demeure en retrait de la violence des passions, sorte de voix de la sagesse. Delphine se confie à tort à Mme de Vernon ; avec plus de raison à Louise d'Albémar, sa belle-sœur, sorte de pendant de M. Barton ; cependant dans la période la plus troublée de sa passion, Mme de Lebensei est une confidente plus à même de la comprendre, et d'ailleurs, Louise étant alors auprès de Delphine, leur correspondance n'a pas lieu d'être. Le roman par lettres suppose les séparations, les obstacles.

La lettre n'est pas un instrument de communication parfait entre les êtres, et les romanciers les plus habiles savent bien exploiter cette distance qui existe entre la lettre et la vérité. Lorsque Léonce écrit à Delphine : « Je ne puis communiquer à mes lettres cet accent que le ciel nous a donné pour convaincre » (*O.C.*, t. VI, IIIe partie, lettre 3, p. 17), il prétend ainsi obtenir une rencontre, mais il énonce aussi une vérité du roman épistolaire. Les lettres ont beau être passionnées, elles conservent forcément une certaine distance ; elles ne peuvent dire toute la vérité d'un être que le romancier omniscient révélerait dans un roman à la troisième personne. D'où tout un jeu subtil de réfractions et de subjectivités : un événement, l'analyse d'un caractère sont écrits par un personnage à un autre personnage. Ainsi subsistent des zones d'ombre. Par exemple le récit de la mort de Mme de Vernon est fait par Mme de Lebensei à Mlle d'Albémar (O.C., t. VI, IIe partie, lettre 43). Libre donc au lecteur d'imaginer les sentiments de Delphine, sans forcément adopter exactement l'interprétation qu'en donne Mme de Lebensei. D'autre part, le lecteur n'a pas toutes les lettres sous les yeux, ce qui lui donne aussi une possibilité d'imaginer. Ainsi la correspondance entre Serbellane et Thérèse que Thérèse elle-même remet à Delphine (O.C., t. VI, IIe partie, lettre 26), nous ne pouvons la lire. Il y a plus de lettres de Delphine à sa belle-sœur que de réponses de celle-ci, probablement parce que ce rôle de mentor entraînerait des lettres assez ternes ; mais alors les lettres de Delphine à sa belle-sœur prennent parfois l'allure d'un journal intime. Cela apparaît particulièrement dans la fin du roman où une note prévient le lecteur : « Cette lettre, et la plupart de celles que mademoiselle d'Albémar a écrites à madame d'Albémar, à l'abbaye du Paradis, ont été supprimées. » (O.C., t. VII, V^e partie, lettre 15, p. 85, note 1)

La lecture de la lettre constitue par elle-même un événement. D'autant que les personnages préfèrent parfois écrire que parler. Ainsi Mme de Vernon a préféré faire sa confession générale par lettre. La lecture de cette lettre qui révèle l'innocence de Delphine constitue un événement capital, après lequel Delphine jure de ne pas troubler le repos de Matilde, et Léonce « tombe sans connaissance » (O.C., t. VI, IIe partie, lettre 43). Pathétique aussi plus tard, la lecture par Léonce de la lettre de Lebensei sur le divorce : les réactions de Léonce à cette lecture sont racontées par Delphine à Mme de Lebensei, mais comme Delphine ne sait pas alors quelle est exactement la pensée de Léonce, sa relation de cette lecture demeure énigmatique : « Dès les premières lignes de la lettre de M. de Lebensei, Léonce changea de visage ; il pâlit et rougit alternativement, sans lever les yeux sur moi, ni prononcer une seule parole, quoique tout trahît en lui l'émotion la plus profonde. » (O.C., t. VI, IVe partie, lettre 19, p. 330-331) Plus que toute autre forme peut-être, le roman par lettres doit faire travailler l'imagination du lecteur qui navigue parmi des subjectivités souvent contradictoires.

Le lecteur va aussi assister à la fin du roman à l'éclatement du genre épistolaire. Nous avons signalé comment ce genre était guetté par une autre forme, celle du roman-journal. Cette tendance s'accentue dans la solitude de Delphine, et ce changement de forme devient symbolique de cette solitude. Au début de la cinquième partie prennent place des fragments d'un journal de Delphine : « C'est à moi seule que je parle de ma douleur. » Elle peut alors être plus élégiaque, s'abandonner à sa douleur sans la réserve qu'impose la présence d'un destinataire. La lettre dans ces romans du tout début du XIXe siècle est tentée de devenir journal. Cela est plus sensible encore dans *Oberman* (1804), roman monophonique de la solitude.

À la fin du roman, l'épistolarité disparaît à nouveau, pour faire place à une « Conclusion » écrite par un narrateur extérieur à la diégèse : « Les lettres nous ont manqué pour continuer cette histoire, mais M. de Serbellane et quelques autres amis de madame d'Albémar nous ont transmis les détails que l'on va lire. » (*O.C.*, t. VII, p. 300) Les personnages, c'est trop évident, ne peuvent raconter leur propre mort. Cependant on aurait pu imaginer qu'elle soit narrée par d'autres personnages (ainsi par M. de Serbellane), comme l'avaient été les morts de personnages secondaires ; mais ils ne sont pas des personnages secondaires justement. Il y a peut être aussi une autre raison à cet arrêt du système épistolaire. L'horreur des événements, la Révolution sous sa forme la plus terrible, celle de la Terreur, semblent rendre impossible que se poursuive le mécanisme du roman épistolaire, qui convenait si bien à la sociabilité de l'Ancien Régime. *L'Émigré* de Senac de Meilhan offre un cas analogue. Ce roman épistolaire lui aussi et qui représente une société d'Ancien Régime éclatée par la Révolution ne peut pas se maintenir jusqu'au bout dans le système épistolaire, et la fin tragique du héros y est racontée à la troisième personne par un extrait de gazette. Inversement l'épistolarité reparaît très brièvement, dans l'ultime fragment de lettre de Serbellane, lorsqu'une sérénité intemporelle a été retrouvée auprès de la tombe des deux amants.

Les personnages et les lieux

La population romanesque est abondante dans ce roman de l'impossible sociabilité. La différenciation entre les personnages s'opère à la fois en raison de leur âge, de leur sexe, de leur situation conjugale, et aussi de leur appartenance à divers pays européens. La caractérisation géographique est capitale dans la pensée et dans l'art de Mme de Staël, l'Européenne. D'une façon plus ou moins directe, cinq pays sont représentés. L'action se passe pour les deux tiers du roman en France, surtout à Paris, lieu par excellence de la vie mondaine, de ses erreurs, de la solitude des êtres dans le tourbillon superficiel et malveillant des salons. La campagne représente un lieu où l'authenticité est possible : ainsi celle où vivent M. et Mme de Belmont. La propriété de Bellerive où se réfugie Delphine lui permet aussi des moments de bonheur avec Léonce. Mais Paris est trop près pour que cette propriété puisse représenter un lieu vraiment sûr et à l'abri de la société. La province serait davantage un refuge : Louise d'Albémar voudrait convaincre Delphine de venir vivre avec elle à Montpellier. Finalement elle choisira la Suisse, comme une sorte de lieu neutre où la passion pourrait s'éteindre : vain projet et le drame s'y poursuit, et ramène les héros en France.

Cependant à côté des lieux de la diégèse, il faut tenir compte — ce qui est très important pour la caractérisation des personnages — de leur lieu d'origine, ou du moins des lieux où ils ont vécu et qui les ont marqués ; ainsi la géographie staëlienne s'exprime avec ses forts contrastes : l'Angleterre, pays de la sagesse et du *self-control* ; l'Italie, pays de la folle passion ; l'Espagne, pays de l'honneur chevaleresque. Ainsi Léonce qui a vécu d'abord en Espagne possède le caractère que Mme de Staël et plus généralement le romantisme attribuent à ce peuple : fierté, sentiment de l'honneur, extrême jalousie. Léonce avant même que commence le roman a pris violemment parti contre le mariage de son cousin avec Mlle de Sorane, au risque d'encourir la défaveur du roi d'Espagne. L'agression dont il est victime dans les Pyrénées est une conséquence de cette affaire qui permet une première présentation du caractère de Léonce : « M. de Mondoville réunit, au plus haut degré, la fierté, le courage, l'intrépidité. » Il est fier et « irritable » (O.C., t. V, Ire partie, lettre 10), toujours prêt à exposer sa vie par des duels. Il est fidèle aux « antiques mœurs espagnoles » (O.C., t. VI, IIIe partie, lettre 14, p. 83). Dans ses moments de désespoir, il voudrait mourir en Espagne : « S'il faut vous perdre, écrit-il à Delphine, c'est en Espagne que reposent les cendres de mon père, c'est en Espagne qu'il faut aller mourir. » (O.C., t. V, IIe partie, lettre 30, p. 395) Cependant la géographie des personnages est complexe, ce qui permet d'éviter une vision trop réductrice. Car si Léonce a un père espagnol, sa mère est française ; il possède aussi des traits du caractère français, et ne parvient pas à s'affranchir de l'opinion mondaine, autant que le voudrait la logique de la passion. Son respect des convenances l'empêche d'épouser une femme d'un esprit indépendant, le laisse sensible aux calomnies, met obstacle successivement à l'éventualité d'un divorce et à la rupture des vœux religieux de Delphine, enfin son sens de l'honneur aristocratique empêche toute tentative de le sauver de la prison et de la mort. Ce n'est pas un caractère faible et indécis, mais un caractère déchiré entre la violence de la passion et des interdits qui mêlent un respect tout français de l'opinion et un sens de l'honneur chevaleresque à la Don Quichotte.

Autre pays de la passion, mais avec une couleur moins farouche que l'Espagne : l'Italie où la femme est prête à tout sacrifier à l'amour, où la religion est souvent superstitieuse. On ne s'étonne donc pas d'apprendre que Thérèse, l'imprudente Thérèse, est née en Italie (O.C., t. V, IIe partie, lettre 30, p. 388). Comme il se doit, elle a les « cheveux noirs » et le « teint pâle » (O.C., t. V, IIe partie, lettre 26, p. 366). Quand elle se réfugie dans la religion, c'est sous sa forme la plus absolue, et sans éviter un certain obscurantisme.

M. de Lebensei, d'origine protestante, a été formé dans une université anglaise, ce qui explique en partie son indépendance d'esprit et sa maîtrise de soi. M. Barton est une sorte de milord Édouard, son nom a une consonance britannique. « M. Barton est un homme d'une physionomie respectable, vêtu de brun, coiffé sans poudre ; son extérieur est imposant ; on croit voir un Anglais ou un Américain, plutôt qu'un Français. N'avez-vous pas remarqué combien il est facile de reconnaître au premier coup d'œil le rang qu'un Français occupe dans le monde ? ses prétentions et ses inquiétudes le trahissent presque toujours, dès qu'il peut craindre d'être considéré comme inférieur ; tandis que les Anglais et les Américains ont une dignité calme et habituelle, qui ne permet ni de les juger ni de les classer légèrement. » (*O.C.*, t. V, Ire partie, lettre 11, p. 66-67)

Voilà du même coup opposés Anglais et Français, selon une thématique chère à Mme de Staël et déjà à Voltaire et à Rousseau. Cependant comme la majorité des personnages de *Delphine* sont français, Mme de Staël est amenée à diversifier les caractères et par conséquent à nuancer cette image un peu schématique ; il est bien vrai cependant que tous demeurent extrêmement attachés à l'opinion, que même ceux qui, comme Mme de Lebensei, l'ont bravée en demeurent meurtris.

Delphine, personnage-titre privilégié, échappe à ce que cette géographie des caractères pourrait avoir de trop systématique. Elle est française et marque de façon pathétique son attachement à la France au moment où elle doit la quitter : « Ô France ! ma patrie, la sienne, séjour délicieux que je ne devais jamais quitter ; France ! dont le seul nom émeut si profondément tous ceux qui, dès leur enfance, ont respiré ton air si doux, et contemplé ton ciel serein ! » (*O.C.*, t. VII, fragment V, p. 14) Delphine possède les charmes qui permettent de briller dans la société française, les dons de la conversation, et remporte de grands succès, au début du roman, dans les salons parisiens ; mais elle est capable de passion absolue, comme une femme du midi, quoiqu'elle soit blonde et que dans les *topoï* romanesques la blondeur soit liée à une certaine sagesse et à la douceur. Léonce, quand il lui demande de se retirer à Bellerive, sait bien qu'elle est capable de renoncer à la société pour obéir à l'homme qu'elle aime : « Je demande, lui écrit-il, à la femme de France, qui voit à ses pieds le plus d'hommages et de succès, de s'enfermer dans une campagne, au milieu des neiges de l'hiver. » (*O.C.*, t. VI, IIIe partie, lettre 11, p. 64-65) Madame d'Artenas qui connaît bien le monde, la « gronde, écrit Delphine, de ce qu'elle appelait mes insupportables qualités, qui m'exposaient à tous les malheurs » (*O.C.*, t. VI, IVe partie, lettre 11, p. 283). Effectivement Delphine est toujours victime de sa générosité : ainsi envers Mme de Vernon et envers Matilde qu'elle comble de ses bienfaits alors qu'elles détruisent sa vie. C'est par générosité qu'elle a accueilli chez elle successivement M. de Serbellane pour qu'il puisse revoir une dernière fois Thérèse, M. de Valorbe pour qu'il échappe aux poursuites des révolutionnaires ; dans ces deux cas symétriques elle suscite la jalousie de Léonce, puis les calomnies de la société. Elle cède au chantage au suicide que les hommes emploient volontiers pour la convaincre : ainsi Léonce dans l'église lorsqu'il lui arrache la promesse de lui appartenir ; autre chantage auquel elle cède aussi : M. de Valorbe ne renonce à tuer Léonce que si elle accepte de l'épouser ; sans promettre formellement, elle ne refuse pas non plus devant l'imminence du danger. Elle est fidèle dans ses amitiés, surtout lorsque l'ami ou l'amie sont malheureux. Il y a chez elle une véritable religion de la pitié et du serment même si parfois elle l'entraîne dans des contradictions insolubles. Victime de ses propres qualités ? Exemple des « infortunes de la vertu » ? Peut-être. Aussi, et pour le coup ce n'est pas contradictoire, est-elle entraînée dans un vertige d'autodestruction et de mort.

Lorsqu'elle se précipite au secours de M. de Valorbe prétendument prisonnier, le lecteur sait bien, comme lorsqu'il lit les mésaventures de la Justine de Sade, qu'il s'agit d'un guet-apens où sa générosité la précipite.

Delphine transcende également une autre répartition des personnages : celle des différences d'âge ; en effet, elle est jeune, comme le sont toujours les héroïnes de roman à cette époque, mais elle a déjà un passé ; veuve, elle conserve des liens avec ce passé, dont son amitié pour Louise d'Albémar et plus encore l'obstination de Valorbe sont des signes. Elle a l'enthousiasme de la jeunesse, mais aussi une certaine maturité due à son talent et à son intelligence hors pair.

Chez les personnages moins importants la caractérisation par l'âge est plus marquée. Du côté des vieillards malveillants, M. de Fierville que son âge protège des convocations en duels ; son amie la perfide Mme du Marset qui est peut-être moins âgée, elle n'en est pas moins exclusivement occupée à surveiller les personnages plus jeunes. Les personnages d'âge mûr peuvent se classer facilement en adjuvants et en opposants, à condition de voir qu'un roman de l'ampleur de Delphine ne peut fonctionner selon les mécanismes simples d'un conte populaire. Barton et Louise d'Albémar sont des amis, des protecteurs de Léonce et de Delphine, mais leur situation extérieure au monde les rend assez peu aptes à les défendre dans cette jungle ; ils apportent essentiellement conseils et réconfort moral. À la même génération appartiennent Mme de Vernon dont on a vu les méfaits, mais aussi Mme d'Artenas qui, elle, est plus à même d'observer les délations et les calomnies. Mme de Ternan, l'abbesse tante de Léonce, Mme de Cerlebe, Mme de Mondoville, mère de Léonce, sont aussi des femmes mûres et qui ont un rôle funeste, dû à leur égoïsme et à leur autoritarisme, aux déceptions que leur ont apportées la vie et leur incapacité à accepter le vieillissement. Les maris, quand il ne s'agit pas de mariage d'amour, relèvent de la génération des parents. M. d'Ervins est beaucoup plus âgé que Thérèse, M. d'Albémar pouvait être plus que largement le père de Delphine. La vie amoureuse se situe exclusivement dans la jeune génération à laquelle appartiennent Léonce, Delphine, Matilde, Thérèse, Serbellane, M. et Mme de Lebensei, M. et Mme de Belmont, Mme R. Sur eux pèsent lourdement l'autorité de la génération parentale et les prérogatives juridiques qu'elle possède. Ainsi Mme de Belmont a été privée de ses biens à la suite de son mariage réprouvé par sa famille. Léonce est soucieux de respecter, dans une certaine mesure, les volontés de sa mère. La mère de Matilde, Mme de Vernon, est toute-puissante. À la différence de ce qui se passera dans *Corinne*, les pères sont moins présents, sauf à considérer M. Barton comme une sorte d'image paternelle. Delphine est orpheline et a été élevée par son oncle. L'absence des parents donne plus de poids à la relation népotique.

Pour cette génération la relation amoureuse et conjugale est essentielle, et Mme de Staël a diversifié les caractères en fonction de ces situations. Matilde est essentiellement l'épouse, acceptant toutes les conventions de la société, aveugle tant qu'elle peut l'être sur les sentiments de son mari. Cependant il ne s'agit pas d'une caricature et Mme de Staël a nuancé le portrait, en la rendant capable de sensibilité, et même, elle le révèle au moment de sa mort, de passion pour son mari. Thérèse est l'épouse infidèle jusqu'au drame sanglant qui pèse comme un remords permanent et la conduit au couvent. Mme de Lebensei serait une épouse parfaitement heureuse si elle parvenait, comme le fait Mme de Belmont, à s'affranchir du joug de la société.

Ce roman, et là encore il faut marquer la différence avec beaucoup de textes du XVIIIe siècle, inscrit la présence des enfants. En particulier de la petite Isore, fille de Thérèse, confiée par elle à Delphine. Elle a un rôle important puisque c'est par sa bouche que Léonce apprend la vérité : « Un enfant m'a-t-il révélé ce que la perfidie la plus noire avait trouvé l'art de me cacher ? La voix des hommes vous avait accusée ; la voix d'un enfant, cette voix du ciel vous aurait-elle justifiée ? » (*O.C.*, t. V, IIe partie, lettre 30, p. 387) Par-delà le *topos* de la vérité qui sort de la bouche des enfants, on appréciera comment, dans le dialogue entre Léonce et la petite fille, Mme de Staël est parvenue à créer admirablement un langage enfantin sans niaiserie et à donner le sentiment que la petite fille possède une intuition de sentiments encore inconnus. Un autre personnage de petite fille, à peu près du même âge, environ neuf ans — entre enfance et adolescence — et qui lui fait pendant, par ces multiples effets de symétrie qui structurent le roman, c'est la fille de Mme de Belmont qui chante un air du Languedoc, ballade populaire, expression de l'amour qui unit M. et Mme de Belmont (*O.C.*, t. VI, IIIe partie, lettre 19, p. 106).

La destinée féminine

Delphine apparaît comme une illustration de l'impossibilité pour une femme supérieure de connaître le bonheur — thème constant chez Mme de Staël. Cependant, par-delà le cas de Delphine, et à travers la diversité des personnages féminins que présente le roman, c'est tout un tableau très critique de la condition de la femme et de la société que l'on doit lire ici. Encore faut-il ne pas oublier dans cette analyse qu'il s'agit d'un texte romanesque, c'est-à-dire qu'aucun personnage n'est exactement le porte-parole de l'écrivain, et que c'est au lecteur de tirer la leçon du tableau.

La société décrite par ce roman est, comme dans la plupart des romans du XVIIIe siècle, aristocratique et totalement oisive. Pas trace d'un travail chez les hommes et encore moins chez les femmes. Le seul soin que pourraient avoir les femmes, celui d'éduquer leurs filles, ne les embarrasse guère, si l'on excepte Mme de Belmont qui fait figure de contre-exemple dans tous les domaines. On voit en revanche que Thérèse se décharge, sans trop hésiter, de cette tâche sur Delphine, pour se consacrer à Dieu.

Cette société d'Ancien Régime qui n'a rien à faire est donc exclusivement occupée de médisances ou de calomnies. C'est la société des *Liaisons dangereuses*, mais avec un moralisme plus sévère, du moins pour ce qui concerne les femmes. La différence de la condition des deux sexes est fortement soulignée.

Le monde « juge si différemment les devoirs des maris et des femmes » (*O.C.*, t. VI, IIIe partie, lettre 6, p. 31). « Il n'existe aucun moyen pour une femme de s'affranchir des peines causées par l'injustice de l'opinion. » (*O.C.*, t. VI, p. 299) Les hommes « veulent, en séduisant les femmes, conserver le droit de les en punir » (*O.C.*, t. V, p. 187). Mme de Vernon trouvait « assez injuste que ceux qui comptent les femmes pour rien, qui ne leur accordaient aucun droit et presque aucune faculté, que ceux-là même voulussent exiger d'elles les vertus de la force et de l'indépendance, la franchise et la sincérité » (*O.C.*, t. V, IIe partie, lettre 41, p. 443). « Sous la proscription de l'opinion, une femme s'affaiblit, mais un homme se relève » (*ibid.*, p. 381) ; on peut ainsi citer de nombreuses formules qui font maximes.

Les femmes n'ont d'existence que par l'amour (*O.C.*, t. V, IIe partie, lettre 2, p. 240) ; encore faudrait-il que l'amour fût assez fort de part et d'autre pour pouvoir s'affranchir de l'opinion. Le cas de Mme de Lebensei montre que ce n'est pas si facile. À supposer même la passion égale, il demeure une différence fondamentale : l'homme a d'autres intérêts dans la vie que l'amour, la femme non. « Les hommes ont bien peu besoin des femmes. » (*O.C.*, t. V, IIe partie, lettre 7, p. 287) L'homme devrait pouvoir s'affranchir plus facilement de l'opinion qui lui est indulgente ; mais, en fait, et Léonce en est un bel exemple, il n'est pas insensible au blâme que l'opinion déverse sur la femme qu'il aime. Le roman prouve de façon dramatique l'impossibilité d'aimer dans la société : seuls peuvent vraiment s'aimer ceux qui, tels M. et Mme de Belmont, s'en sont complètement retirés.

Thérèse avait annoncé : « Il n'est pour les femmes sur cette terre que deux asiles, l'amour et la religion. » (*O.C.*, t. V, IIe partie, lettre 26, p. 370) L'amour n'aura pu être pour elle un refuge durable, il lui reste la religion. Le sort de Thérèse annonce celui de Delphine qui va d'abord trouver un refuge dans l'amour de Léonce, puis dans un couvent. Mais celui-ci se révèle un piège redoutable, écho des intrigues et des intérêts du monde. Delphine et Léonce optent pour une troisième solution, la plus désespérée, la mort. L'engagement de Léonce dans l'armée est une forme de suicide.

La religion

Un des intérêts de *Delphine* est aussi de montrer la coexistence de plusieurs conceptions religieuses, et des attitudes différentes de ces religions face au mariage. L'histoire de M. et de Mme de Lebensei introduit le thème du protestantisme. Mme de Lebensei avait épousé en premières noces un protestant ; elle a pu divorcer pour épouser Lebensei. Mais la société parisienne imprégnée de catholicisme n'admet pas le remariage. Delphine explique cette règle comme une forme d'ascétisme : « l'indissolubilité catholique » est une sorte de macération (*O.C.*, t. VI, p. 308-309). Mais est-ce une solution que de supporter le mariage comme une pénitence ? Ne vaudrait-il pas mieux accepter le divorce ? Les contemporains ont lu dans *Delphine* une apologie du divorce. En fait, c'est une lecture un peu simplificatrice. Certes, il y a l'exemple des Lebensei, mais lorsque la possibilité d'un divorce entre Matilde et Léonce est envisagée, ni Léonce, ni Delphine ne l'acceptent avec enthousiasme, et leurs réticences sont d'ailleurs d'un ordre différent. De la part de Léonce, elles seraient d'ordre mondain : il sait que la société dans laquelle il vit n'acceptera pas le divorce ; pour Delphine, l'objection est d'un ordre différent : elle ne peut accepter la souffrance qu'elle infligerait à Matilde par ce divorce (*O.C.*, t. VI, p. 308-309).

La présence de la religion dans *Delphine* dépasse de beaucoup la seule question de l'indissolubilité du mariage. On peut lire dans ce roman une représentation du fanatisme religieux dans la plus pure tradition des Lumières. Celui-ci se manifeste en particulier dans la scène de la mort de Mme de Vernon où le fanatisme cruel de Matilde éclate. Mme de Vernon refuse cette ultime hypocrisie qui consisterait à observer des rites catholiques qui pour elle n'ont pas de signification. Sa fille, qui ne voulait pas s'approcher de son lit, parce qu'une divorcée, Mme de Lebensei, était venue lui rendre visite, veut forcer sa mère à se confesser et à recevoir l'extrême-onction (*O.C.*, t. V, IIe partie, lettre 42, p. 462). Matilde en cette occasion, montre jusqu'où « tout ce qu'un esprit borné et une superstition fanatique peuvent produire dans une personne qui n'est pas méchante, mais dont le cœur n'est pas assez sensible pour l'emporter sur toutes ses erreurs » (*ibid.*, p. 468). C'est le fanatisme borné d'un prêtre qui, à la fin du roman, accélérera la mort de Matilde, en l'obligeant à nourrir son enfant, alors qu'elle est gravement atteinte, et en ne lui laissant pas la consolation de passer ses derniers instants avec son mari : « Vous pouvez, madame, dire à M. de Mondoville un dernier adieu, vous le pouvez ; mais, après l'avoir prononcé, vous devez rester seule avec nous », lui dit-il (*O.C.*, t. VII, VIe partie, lettre 4, p. 199).

Madame de Vernon sur son lit de mort avait dit au confesseur : « j'aime mieux me confesser à Dieu dans mon cœur » (*O.C.*, t. V, p. 476). Cette religion du cœur et du libre arbitre est assez proche du protestantisme pour lequel Mme de Staël marque une nette préférence : Delphine assistant à la première communion de la fille de Mme de Cerlebe, selon le rite protestant, est profondément touchée par la beauté et la simplicité de l'office (*O.C.*, t. VII, V^e partie, lettre 16, p. 88 et suiv.). La religion de Delphine est redevable aussi à celle du vicaire savoyard. Elle croit fermement en l'existence d'un Être suprême, consolateur des affligés, et qui n'a pas la sécheresse du Dieu de Robespierre, mais permet davantage l'épanchement rousseauiste. C'est aussi l'espoir d'un autre monde où pourrait s'opérer la réunion des cœurs : « Oui, Léonce, écrit Delphine, il existe un monde où les liens factices sont brisés, où l'on n'a rien promis que d'aimer ce qu'on aime. » (*O.C.*, t. VI, p. 81) Accompagnant Léonce au supplice, elle sera persuadée qu'elle remplace avantageusement le prêtre qui soutient les condamnés. « Je te parlerai, dit-elle à Léonce, comme lui, au nom d'un Dieu de bonté : un instant j'ai douté ; je trouvais le malheur qui m'accablait plus grand que mes fautes ; mais à présent les espérances religieuses sont revenues dans mon cœur : le ciel me les a rendues, je te les ferai partager. » (O.C., t. VII, Conclusion, p. 322)

La représentation des couvents que l'on peut lire dans *Delphine* est fort critique. La prise de voile de Thérèse n'a d'égal dans l'horreur que celle d'Amélie dans *René* — elle constitue donc une anticipation douloureuse de cette rupture avec la vie qu'est la mort. En ce sens pour Thérèse comme pour Delphine, l'entrée au couvent est une manifestation de leur amour et du lien qui existe entre l'amour et la mort dans ce roman. Mais elles entrent seules au couvent. Ni M. de Serbellane, ni Léonce ne songent à pareil sacrifice. Il y a cependant une nette différence entre Thérèse qui est convaincue par l'influence d'un prêtre, et Delphine qui se fait religieuse, sans adhérer au catholicisme : lors de ses vœux quasi forcés, « dans aucun temps de sa vie, elle n'avait éprouvé des sentiments moins conformes à la situation où elle se trouvait ; car rien ne lui paraissait plus contraire à l'idée qu'elle avait toujours nourrie de la véritable piété, que ces institutions exagérées qui font de la souffrance le culte d'un Dieu de bonté. » (O.C., t. VII, V^e partie, lettre 29, p. 167-168) Avec un regard très critique, Mme de Staël évoque les forces sournoises qui précipitent les vœux de Delphine : se mêlent l'intérêt de Mme de Mondoville, l'égoïsme de Mme de Ternan. Une fois au couvent, Delphine y connaît un profond ennui, et songe un moment à se faire transférer dans un ordre qui serait plus actif et orienté vers la bienfaisance. L'histoire du religieux du Saint-Bernard qui a secouru héroïquement un voyageur évanoui dans la neige, prend une allure emblématique.

On peut lire chez Mme de Staël deux postulations contradictoires d'attrait et de répulsion pour les cloîtres. Delphine annonce Lélia de G. Sand, quand elle écrit — il est vrai avant son entrée au couvent : « J'aimerais cette vie solitaire, enchaînée, régulière qui doit calmer les mouvements désordonnés du cœur. » (O.C., t. V, IIe partie, lettre 26, p. 372) Mais le lecteur sentira combien la représentation de la vie conventuelle est partagée dans ce roman de 1802 entre une conception qui serait plutôt celle des Philosophes, c'est-à-dire essentiellement dépréciative, et celle qui serait plutôt romantique, de la poésie funèbre des cloîtres. Au total cependant la critique des couvents l'emporte chez cette fille des Lumières qu'est Mme de Staël.

La politique

Un des aspects essentiels de *Delphine* consiste en cet affrontement d'une société qui est celle de l'Ancien Régime avec des événements de la Révolution. La scansion temporelle du roman est marquée inexorablement par la datation des lettres d'abord : la première partie commence par une lettre du 12 avril 1790 ; la seconde, du 20 juillet 1790 ; la troisième du 4 décembre 1790 : la quatrième, du 10 juin 1791 ; la cinquième du 7 décembre 1791 ; la sixième du 1er juillet 1792. La conclusion projette le lecteur quelque temps plus tard.

Il peut paraître étonnant que cette société continue à s'intéresser à des commérages alors que des événements d'une si grande importance sont en train de se produire. S'il importe que M. de Valorbe ait passé la nuit chez Delphine, c'est parce qu'il est traqué par les autorités révolutionnaires. Mais la bonne société ne voit dans cette histoire qu'une occasion de soupçonner les mœurs de Delphine. L'aveuglement de cette société peinte par Mme de Staël n'a rien d'invraisemblable cependant ; elle l'a bien connue, et elle a pu voir comment pendant le plus longtemps possible, la vie des salons s'est efforcée de se poursuivre comme si rien n'était.

Arrive cependant un moment où cet aveuglement n'est plus possible, où la société et l'intrigue romanesque ne peuvent plus continuer comme si la révolution n'existait pas. Le départ précipité de M. de Valorbe montre bien l'affrontement de deux idéologies : l'idéal de l'honneur nobiliaire l'obligerait à se battre en duel avec Léonce, tandis que l'urgence révolutionnaire (il est sous le coup d'un mandat d'arrêt) devrait le convaincre de partir le plus vite possible sans attirer l'attention. Cependant il réalise mal la gravité de sa situation, et ne part sans se battre avec Léonce qu'à l'expresse demande de Delphine, et après avoir exercé sur elle un chantage.

Dès le début du roman il existait déjà un clivage entre les personnages favorables à la Révolution, tels M. de Lebensei et Delphine, et les autres personnages pour qui c'est là une occasion supplémentaire de se scandaliser. Et surtout en ce qui concerne Delphine : une femme ne doit pas avoir d'opinion politique, à plus forte raison, pas d'opinion jugée subversive. Mais Delphine a reçu une éducation qui la distingue déjà des autres femmes. Elle a lu les Philosophes. C'est en fille des Lumières qu'elle se félicite de la Déclaration des droits de l'homme, mais non certes de la Terreur. Elle est enflammée par la passion de la liberté ; c'est cette passion qui l'amène à adhérer aux idées de 1789, et à être horrifiée par la tyrannie des révolutionnaires.

Les personnages se répartissent aussi d'après leurs opinions politiques, et sur ce point encore la divergence entre Léonce et Delphine est un obstacle. Léonce cependant n'est pas un fanatique de l'Ancien Régime ; il s'en explique à Delphine : « Les querelles politiques de ce moment-ci n'excitent point en moi de colère ; mon esprit conçoit très bien les motifs qui peuvent déterminer les défenseurs de la révolution, mais je ne crois pas qu'il convienne à un homme de mon nom de s'unir à ceux qui veulent détruire la noblesse. J'aurais l'air, en les secondant, ou d'être dupe, ce qui est toujours ridicule ; ou de me ranger par calcul du parti de la force, et je déteste la force, alors même qu'elle appuie la raison. » (O.C., t. VI, IIIe partie, lettre 33, p. 149) Plus tard, il combattra dans les rangs de l'armée des princes et des émigrés et périra sur l'échafaud. La prison l'a amené à se débarrasser des préjugés qui l'avaient entravé pendant la durée du roman : « La présence de la mort, dit-il à Delphine, m'a éclairé sur ce qu'il y a de réel dans la vie ; je ne le cache point, j'ai regretté d'avoir sacrifié les jours que tu protégeais. J'ai connu le prix d'une existence simple et douce que j'aurais goûtée près de toi. » (O.C., t. VII, Conclusion, p. 304) Il renonce à ses préjugés, trop tard, certes, mais il ne renonce pas à ses opinions politiques.

M. de Lebensei est un beau personnage d'aristocrate généreux qui adhère à la Révolution. La société mondaine se sert d'abord de lui, sans pour autant l'accepter pleinement. C'est ainsi qu'on le fait intervenir pour que M. d'Orsan ne perde pas son régiment, ou pour que M. de Valorbe puisse s'échapper, mais on ne marque aucune gratitude à son égard. Son courage cependant s'affirmera pendant la guerre où il combat dans les armées de la Révolution. « M. de Lebensei s'acquit un nom illustre dans les armées françaises. Pourquoi le caractère de Léonce de Mondoville ne lui permit-il pas d'avoir cette glorieuse destinée ? » (O.C., t. VII, Conclusion, p. 330) Qui parle ? Un narrateur dont la voix se confond presque avec celle de la romancière.

Ce contexte historique de plus en plus marqué à mesure que progresse le roman amène Mme de Staël, par la voix de ses personnages, à s'exprimer sur un certain nombre de questions, ainsi sur l'émigration. Elle use admirablement de la polyphonie romanesque pour présenter les aspects divers de la question, et un plaidoyer *pro* et *contra*. M. de Mondoville, défendant l'émigration et M. de Lebensei, au contraire, la condamnant, et condamnant surtout l'appel à des forces étrangères pour lutter contre la Révolution : « Le devoir le plus sacré pour un homme n'est-il pas de ne jamais appeler les armes étrangères dans sa patrie ? » Lebensei défend aussi l'idéal de liberté que représente la Révolution : « Toutes les fois qu'une nation s'efforce d'arriver à la liberté, je puis blâmer profondément les moyens qu'elle prend ; mais il me serait impossible de ne pas m'intéresser à son but. » (O.C., t. VII, V^e partie, lettre 12, p. 81-82)

Même dans la scène de l'exécution de Léonce, Mme de Staël a décrit la complexité des sentiments du personnel de la Révolution. Si les commissaires venus de Paris sont impitoyables, si la foule pousse des cris ignobles, en revanche le président du tribunal est humain, il n'est même pas insensible à une certaine superstition, lorsqu'il croit dans une force prophétique de Delphine ; en tout cas il est sensible à son éloquence et à la pitié. Les soldats du peloton d'exécution eux-mêmes hésitent : dans cette scène, pourtant atroce, on peut voir une représentation nuancée de la Terreur que la romancière condamne.

La présence de la Révolution dans ce roman ne se limite pas cependant à ces épisodes sanglants, ni aux discussions politiques que peuvent lancer les personnages. Elle informe le roman en profondeur. Nous avons vu comment elle fait éclater le système épistolaire ; il faudrait dire aussi comment elle travaille la métaphore. Ainsi quand Delphine écrit : « La crainte de la mort ne fait pas éprouver à celui qui s'approche de l'échafaud, une douleur plus grande que celle que je ressens en renonçant à Léonce. » (O.C., t. VI, IVe partie, lettre 25, p. 368) La présence obsédante de la mort dans ce roman est aussi une des formes que prend la Révolution qui, au niveau de la diégèse, est représentée comme une force de destruction des individus auxquels le lecteur s'est attaché, mais aussi d'une société dont la romancière lui a montré qu'il n'y a guère lieu de la regretter. La positivité de la Révolution ne s'exprime que par le discours théorique d'un Lebensei. Il y a donc une certaine distorsion entre deux images de la Révolution : l'une qui reste du domaine du discours et de l'idéal, l'autre qui, en dictant la diégèse, montre des faits. Ce contraste entre idéal et réalité, Mme de Staël elle-même l'a éprouvé ; cependant, nous l'avons vu, lorsqu'elle parle en historienne, elle est capable de souligner plus fortement les acquis de la Révolution. Des nécessités esthétiques et presque dramaturgiques l'ont amenée, en refusant les « *happy end* » guettées par la niaiserie, à achever son récit au moment le plus sanglant de la Terreur.

Le romantisme de *Delphine*

Par sa date de publication à l'aube du siècle, *Delphine* a une valeur inaugurale, qu'elle partage avec *René* (1802), anticipant à peine sur *Oberman* (1804, mais probablement rédigé pour une bonne partie avant cette date). Il est évidemment arbitraire de vouloir ramener le romantisme à un certain nombre de traits : on pourra toujours en citer d'autres, et inversement trouver ces caractéristiques dans des œuvres bien antérieures et appartenant à d'autres esthétiques. On ne peut nier cependant que l'on trouve dans *Delphine* un réseau de thèmes qui infléchissent la tonalité de la littérature romantique.

Un sentiment de la mélancolie et de la douleur s'y exprime sans mièvrerie. La douleur traverse tout ce roman, en constitue un thème majeur. Delphine est essentiellement souffrante, mais elle n'est pas la seule. La douleur morale est si forte qu'elle entraîne chez les personnages toutes sortes de troubles que nous appellerions psychosomatiques : évanouissements, maladies parfois graves scandent tout le récit ; à plusieurs reprises les personnages connaissent des états pathologiques qui risquent de les mener à la mort. Même ceux qui apparemment sont les moins passionnés. Pour prendre un exemple paradoxal, on pourrait soutenir que Mme de Vernon meurt de n'être pas aimée de sa fille, de sentir qu'elle ne mérite plus l'amour de Delphine, et Matilde meurt d'un amour sans retour pour Léonce ; c'est ce qui la rend touchante dans son agonie. *A fortiori*, se multiplient les évanouissements, les délires, les maladies de ces personnages passionnés que sont Thérèse, Léonce et Delphine. La folie guette ces êtres parfois dans des états de tension proches de l'hallucination.

Souffrance de l'amour contrarié, c'est là un thème habituel des romans : il faut aller plus loin : on peut lire dans ce roman une réflexion plus générale sur la douleur. « La douleur remet tout en doute, et l'on n'est contente d'aucune de ses facultés, d'aucune de ses opinions, quand on n'a pu s'en servir contre les peines de la vie. » (*O.C.*, t. VI, IVe partie, lettre 26, p. 373) Cependant « souffrir, ce n'est pas mourir, c'est vivre » (*O.C.*, t. V, Ire partie, lettre 36, p. 222). La vie est une « fièvre douloureuse » (*O.C.*, t. V, Ire partie, lettre 37, p. 233).

La souffrance que l'on éprouve soi-même tient une place importante dans ce roman, mais aussi la souffrance des autres, celle que l'on cause, ou simplement celle dont on a pitié ; ce thème de la responsabilité devant la souffrance d'autrui est fondamental chez Mme de Staël ; elle a doué son personnage de

Delphine de cette sensibilité à la douleur d'autrui, sensibilité extrême qui est une des causes de ses mésaventures avec Mme de Vernon ou avec M. de Valorbe. La représentation de la douleur de l'autre avait occupé la réflexion philosophique de Diderot et de Rousseau pour qui la pitié pourrait bien être à l'origine de la parole (cf. *Deuxième discours*) ; la pitié, ce sera aussi le thème d'*Adolphe* où Constant analyse avec une impitoyable lucidité les ambiguïtés et la cruauté de la pitié qui peut finalement aboutir à provoquer un prolongement des souffrances d'autrui. N'est-ce pas ce qui se passe avec M. de Valorbe à qui la pitié de Delphine donne de vains espoirs ?

Le déplacement du roman de Paris à la Suisse amène un développement de la peinture de paysage. Certes, il y avait déjà une évocation de la neige au moment de la mort de Mme de Vernon (*O.C.*, t. V, IIe partie, lettre 43, p. 474), quelques vues de Bellerive en hiver, c'est cependant dans l'épisode suisse que l'on trouvera les descriptions les plus « romantiques » au sens où l'on emploie alors le mot pour désigner des paysages sauvages propres à développer la rêverie. Qu'on lise cette belle description des montagnes du Jura : « La solitude, en hiver, ne consiste pas seulement dans l'absence des hommes, mais aussi dans le silence de la nature [...] quand les arbres sont dépouillés, les eaux glacées, immobiles comme les rochers dont elles pendent ; quand les brouillards confondent le ciel avec le sommet des montagnes, tout rappelle l'empire de la mort ; vous marchez en frémissant au milieu de ce triste monde, qui subsiste sans le secours de la vie, et semble opposer à vos douleurs son impassible repos. » (*O.C.*, t. VII, V^e partie, fragment 5, p. 12) On ne manquera pas de sentir les ressemblances qui existent entre les paysages de *Delphine* et ceux d'*Oberman*. Même sentiment de solitude et d'angoisse dans ces tableaux de montages hivernales.

Cependant la nature peut aussi entraîner Delphine à une rêverie mystique plus optimiste, qu'on ne trouve pas chez Oberman : « Cet été même, quand je n'avais plus à attendre que des peines, vingt fois, au milieu de la nuit, me promenant dans le jardin de l'abbaye, je regardais les Alpes et le ciel, je me retraçais les écrits sublimes qui, dès mon enfance, ont consacré ma vie au culte de tout ce qui est grand et bon : les chants d'Ossian, les hymnes de Thompson à la nature et à son Créateur, toute cette poésie de l'âme qui lui fait pressentir un secret, un mystère, un avenir, dans le silence du ciel et dans la beauté de la terre ; le merveilleux de l'imagination, enfin, m'élevait quelquefois dans la solitude au-dessus de la douleur même. » (*O.C.*, t. VII, VIe partie, lettre 2, p. 182) On voit aussi à quelles sources livresques s'alimente la rêverie de la nature : il faudrait ajouter à Ossian et à Thomson, Rousseau évidemment et Gessner. Delphine et Léonce arrivés au lac de Zurich vont faire un pèlerinage à la tombe de ce dernier qui n'est pas sans évoquer celle de Rousseau à Ermenonville : « Arrivés dans une allée de peupliers qui conduit au tombeau de Gessner, nous nous avancions jusque sur le rivage du lac. » (*O.C.*, t. VII, IVe partie, lettre 9, p. 212-213)

Il est enfin un dernier aspect de *Delphine* qui, sans être exclusivement lié au XIXe siècle, contribue cependant à faire de *Delphine* une œuvre romantique : la correspondance entre les arts qui s'affirmera encore davantage dans *Corinne*. Delphine n'est pas comme le sera Corinne une poétesse et une musicienne, mais elle joue de la harpe, et chante fort bien. La musique la bouleverse. « Isore jouait de la harpe ; jusqu'à ce jour je l'avais priée de ne pas faire de la musique devant moi ; mon âme n'était pas en état de la supporter ; elle rappelle trop vivement tous les souvenirs ; mais votre lettre, ma sœur, écrit Delphine à Louise d'Albémar, me permit d'y trouver quelques charmes ; j'écoutais mon Isore, je lui donnai des leçons avec soin, et quand elle fut couchée, je me mis à jouer moi-même ; je me livrai pendant plus de la moitié de la nuit à toutes les impressions que la musique m'inspirait, je m'exaltais dans mes propres pensées, je suffisais à mon enthousiasme. » (*O.C.*, t. VII, V^e partie, lettre 3, p. 35)

L'œuvre d'art tient une place privilégiée dans ce roman, dans la mesure où, très habilement, Mme de Staël lui donne un rôle de révélateur, et cela à plusieurs reprises. Ainsi de la représentation de *Tancrède* à laquelle Delphine assiste dans la loge de Mme de Vernon. « Lorsque Tancrède après avoir combattu et triomphé pour Aménaïde, revient avec la résolution de mourir ; lorsqu'un souvenir mélancolique, dernier regret vers l'amour et la vie, lui inspire ces vers les plus touchants qu'il y ait au monde [...] Un soupir, un cri même étouffé sortit du cœur de Léonce. » (*O.C.*, t. V, IIe partie, lettre 14, p. 323) Le tableau *Marcus Sextus* de Guérin devient aussi un signe de reconnaissance. « Je fus saisie, en le voyant, de cette pitié profonde que les fictions n'excitent jamais dans notre cœur, sans un retour sur nous-mêmes ; et je contemplai cette image du malheur comme si, dangereusement menacée au milieu de la mer, j'avais vu de loin, sur les flots, les débris d'un naufrage [...] En entrant, j'aperçois Léonce placé comme je l'étais devant ce tableau, et paraissant ému comme moi de son expression ; sa présence m'ôta dans l'instant toute puissance de réflexion, et je m'avançai vers lui sans savoir ce que je faisais. Il leva les yeux sur moi, et ne parut point surpris de me voir. Son âme était déjà ébranlée ; il me sembla que j'arrivais comme il pensait à moi, et que ses réflexions le préparaient à ma présence. » (*O.C.*, t. V, IIe partie, lettre 8, p. 296-297)

Delphine n'a pas la place qu'elle mérite dans notre histoire littéraire. *Corinne* l'a quelque peu éclipsée et l'on peut penser que cela est injuste. On ne saurait considérer *Delphine* comme une préparation à *Corinne*, comme un banc d'essai imparfait avant le chef-d'œuvre. Mme de Staël n'a écrit que deux grands romans, mais chacun a son autonomie et constitue par lui-même une réussite. On verra des thèmes communs entre les deux œuvres, certes : tout écrivain construit un monde imaginaire qui s'exprime par des échos d'un texte à un autre. Cependant les deux romans sont très différents. Les deux œuvres méritent d'être également connues et étudiées, sans négliger leurs ressemblances, mais en affirmant leur autonomie et leur égale réussite.

Un roman à la troisième personne : *Corinne*

Corinne et *Delphine*

Des thèmes communs ? Ils sont évidents : dans les deux cas, il s'agit d'une femme d'exception qui ne parvient pas au bonheur, pour des raisons qui tiennent à la fois à sa supériorité même, mais aussi à une certaine indécision du personnage masculin qui finalement épouse une femme plus traditionnelle. Cependant les différences apparaissent déjà. Corinne est créatrice, elle est poète et musicienne de profession, ce que n'était pas Delphine. Léonce n'avait pas le même type d'indécision qu'Oswald : en un sens il est plus passionné de Delphine qu'Oswald ne l'est de Corinne. Lucile, la femme traditionnelle, tient de sa mère, lady Edgermond par ses préjugés, mais aussi de Matilde par son amour passionné et pudique pour le héros qui se montre moins indifférent à ses charmes que Léonce ne l'était envers Matilde. Les personnages étaient plus nombreux dans *Delphine*, roman davantage marqué par la présence des mères, ou de mères de substitution, bonnes ou mauvaises pour Delphine. Corinne est sous l'emprise du père. Le père de Lucile et celui d'Oswald, quoique morts, exercent une influence déterminante sur l'intrigue. Des mères actives et que l'on voit en action, d'un côté ; des pères morts mais dont l'influence n'est que plus redoutable, de l'autre.

Les thèmes communs : la douleur, l'impossible réunion des amants, l'attrait pour la mort volontaire, la cruauté avec laquelle la romancière montre Delphine et Corinne assistant au bonheur de l'autre (des scènes symétriques, Corinne parvenant secrètement au château d'Edgermond, Delphine assistant voilée au mariage de Léonce avec Matilde). Ces retours thématiques n'apparaissent que dans des contextes très différents : *Delphine*, c'était encore la société française d'Ancien Régime, certains personnages ont été influencés par l'Espagne ou par l'Angleterre, mais l'héroïne est française. Corinne marque un élargissement européen : elle est à la fois italienne et anglaise. L'action se passe alternativement en Italie et en Angleterre, ce qui change complètement le contexte historique, plus encore que les quelques années qui séparent les deux diégèses. *Delphine* se situe entre 1789 et 1793, donc dans le contexte révolutionnaire ; *Corinne* commence en 1795 dans une Italie sous le joug autrichien. À la différence de ce qui se passera dans *La Chartreuse de Parme* dont la diégèse commence un an plus tard en 1796, les armées françaises, probablement en raison de l'opposition de Mme de Staël à Napoléon, ne figurent pas comme libératrices. Sa libération, l'Italie doit l'accomplir, mais par elle-même et dans un futur encore mal déterminé.

La différence fondamentale tient aussi à la forme : d'un côté, avec *Delphine*, le roman par lettres, forme très liée à l'Ancien Régime qui vit son apogée : elle permet la pluralité des subjectivités, l'entrecroisement de plusieurs correspondances, issues de cette vie mondaine intense qui tente de se maintenir aux commencements de la Révolution. Avec *Corinne*, roman à la troisième personne, la voix de l'auteur-narrateur se fait entendre plus directement, ce qui risque d'ailleurs de provoquer un certain alourdissement du discours par rapport à l'action. Dans les deux romans, il s'agit d'une découverte, mais de nature bien différente. Corinne fait découvrir l'Italie à Oswald et la description de monuments, de paysages va tenir une place importante. Delphine, elle, découvrait la complexité et la méchanceté du monde, grâce à ces miroirs croisés et souvent trompeurs que sont les lettres. La description n'y est pas absente, nous l'avons vu, mais elle est beaucoup moins importante, et se situe aux moments où l'héroïne s'absente du monde, à Bellerive ou en Suisse. La place des Beaux-arts dans *Corinne* est envahissante, tandis qu'elle n'était que très discrète dans *Delphine*.

Les conditions de composition

L'idée première de *Corinne* semble être née en Allemagne, et non en Italie. Le 1er février 1804, Mme de Staël, exilée de France par Bonaparte, assiste à Weimar à une représentation d'un opéra *La Saalnix, La Nymphe de la Saale* dont le livret est tiré d'un roman de La Motte-Fouqué. Elle y trouve un thème qui lui est cher, peut-être parce qu'elle l'a expérimenté dans sa propre vie : l'homme redoute la femme qui lui est supérieure et lui préfère une femme qu'il peut dominer plus facilement. Dans ce livre, tel que le résume Mme de Staël dans *De l'Allemagne* (GF, 1968, t. II, p. 20-21), la nymphe des eaux aime un chevalier qui préfère épouser une mortelle. Corinne, qui ne s'offre pas les ressources du merveilleux, n'aura d'autre immortalité que celle du génie, mais cela suffit pour marquer sa dangereuse différence avec Oswald. Mme de Staël est alors en train de travailler à *De l'Allemagne* ; elle arrête ce travail pour se mettre à rédiger *Corinne* qu'elle situe en Italie. Elle donne à Oswald la nationalité écossaise. Ainsi se dessine la tension essentielle entre l'Italie, pays de la passion, et l'Écosse, pays des traditions. C'est donc en Allemagne qu'elle songe d'abord à son roman, et ce n'est paradoxal qu'en apparence, car beaucoup des Allemands, qu'elle rencontre ou qu'elle lit, sont passionnés d'Italie, en particulier Goethe. Schlegel, qui est devenu le précepteur de son fils, est de bon conseil.

Mais elle désire aller sur le terrain pour poursuivre son roman *Corinne ou l'Italie*. En décembre 1804, elle franchit le Mont-Cenis, par un temps épouvantable ; à Turin, Sismondi la rejoint ; à Milan elle fréquente Vincenzo Monti qui devient un ami. Elle arrive à Rome le 3 février 1805, puis va vers le sud, découvre le Vésuve et Naples. En mai elle visite Florence et Venise. En juin elle revient à Milan puis rentre à Coppet. Simone Balayé a publié *Les Carnets de voyage de Mme de Staël* qui permettent de retracer ces étapes et de voir comment les lieux ont pu inspirer la romancière. Des sites qu'elle décrira, des idées qu'elle développera y sont consignés. Tout ne sera pas forcément retenu. Cependant « elle a réellement vu le vaisseau de guerre anglais dans la rade de Naples, les pavés bancs étincelants sur lesquels Corinne errera, malade d'angoisse, dans des rues sans couleur. Elle a frôlé une épidémie de peste ; elle a regardé passer les morts à visage découvert, écouté les prêcheurs dans les églises, vu la foule en fête des carnavals. » (S. Balayé, Préface de *Corinne*, Folio, 1985, p. 12-13 ; cf. surtout S. Balayé, *Les Carnets de voyage de Madame de Staël*, Droz, 1971.)

Elle ne se contente pas de voir, elle lit énormément. Cette rédaction de *Corinne* lui donne l'occasion d'approfondir sa connaissance des écrivains latins : Virgile, Horace, Tacite. « Les historiens anciens lui apportent de quoi nourrir les deux grandes improvisations de Corinne, ainsi que ses nombreuses promenades à Rome et en Campanie. » (S. Balayé, Préface de *Corinne*, p. 13) Plus proches dans le temps, ses amis lui servent aussi de source d'information, en particulier Bonstetten qui publie un *Voyage sur la scène des six derniers livres de l'Énéide* et Sismondi qui a publié un *Tableau de l'agriculture en Toscane* en attendant de donner, la même année que *Corinne*, une *Histoire des républiques italiennes du Moyen Âge*. Wilhelm von Humboldt qui est ambassadeur de Prusse à Rome a été précieux aussi. Les paysages italiens sont à l'honneur de longue date, Montaigne, le Président de Brosses ont laissé des relations de leurs périples italiens que Mme de Staël n'ignore pas. À l'aube du XIXe siècle, Chateaubriand a donné une éclatante *Lettre sur la campagne romaine* qui paraît en 1804, donc l'année où Mme de Staël commence à penser à *Corinne* (cf. S. Balayé, Préface de *Corinne*, p. 13-15).

Mme de Staël a connu des archéologues, elle a visité l'atelier de Canova, comme le font Corinne et Oswald. Il faut aussi noter l'importance dans la genèse de *Corinne* d'un jeune diplomate portugais Don Pedro de Souza. Comme Mme de Staël, il vient de perdre son père : c'est entre eux un lien de douleur et de deuil, assez comparable à celui qui existe entre Corinne et Oswald. Les diverses liaisons amoureuses que Germaine a vécues jusque-là ont pu aussi lui inspirer des réflexions sur les zones d'incommunicabilité qui existent dans le couple et elle fait bénéficier, si l'on peut dire, ses héros de cette triste expérience. Le 15 novembre 1806, elle écrit à Bonstetten : « Benjamin s'est mis à faire un roman, et il est le plus original et le plus touchant que j'aie lu. »

(Mme de Staël, *Correspondance générale*, t. VI, p. 156) Alors *Corinne* est pratiquement achevé et s'il y a eu influence c'est plutôt de *Corinne* sur *Adolphe* qui ne paraîtra qu'en 1816 (mais fut écrit bien avant cette date). Il n'empêche que les deux romans développent parallèlement le thème de la difficulté de rompre et des souffrances qui naissent de l'indécision masculine : il y eut un temps de genèse commune, née d'une commune expérience.

Mme de Staël a travaillé à son texte encore jusqu'à sa parution. Le 13 février 1807, elle écrit à Monti, d'Acosta, propriété qu'elle vient d'acheter : « Je travaille à *Corinne* dans la campagne où je suis. » (*Correspondance générale*, t. VI, p. 194) L'étude des manuscrits prouve le soin qu'elle y mit. Il y a quatre manuscrits de *Corinne*. De la première rédaction, il ne reste pas grand-chose ; puis il y eut un deuxième manuscrit autographe, enfin on possède encore deux copies avec corrections de Mme de Staël. La première version de l'histoire d'Oswald était assez différente de ce qu'elle est dans la version définitive (cf. S. Balayé, « Les manuscrits de Mme de Staël » in *Sortir de la Révolution*, « Manuscrits modernes », P.U.V., 1994, p. 104, p. 133-114).

L'intrigue

- « Livre premier : Oswald »

Oswald, lord Nelvil, pair d'Écosse, quitte Édimbourg pour un voyage en Italie. Il est profondément atteint par la mort de son père et éprouve des remords à son égard. Il espère que l'Italie « détournerait un peu son imagination de ses idées habituelles » (*Corinne*, Folio, p. 33). Sur la route de l'Italie à Insbruck, il a rencontré le comte d'Erfeuil, émigré français qui a su conserver « la gaieté la plus inaltérable au milieu de revers » (p. 34). Ils arrivent à Ancone (chap. 4). Un incendie s'y déclare et lord Nelvil fait preuve d'un courage et d'une efficacité qui suscitent l'enthousiasme de la foule. Ils parviennent ensuite à Rome.

- « Livre II : Corinne au Capitole »

Corinne, poétesse et musicienne de grand renom doit improviser au Capitole, et toute la ville attend avec impatience cet événement ; son improvisation (chap. 3) suscite l'enthousiasme du public et trouble Oswald.

- « Livre III : Corinne »

Lord Nelvil et le comte d'Erfeuil sont invités chez Corinne. Elle est entourée d'hommages, en particulier du prince Castel-Forte. Un sentiment réciproque se fait jour chez les protagonistes. « Quel enchantement que cette première lueur d'intelligence avec ce qu'on aime ! » (p. 80)

- « Livre IV : Rome »

Corinne propose à Oswald (lettre du 15 déc. 1794) de lui faire visiter Rome. Ils vont au Panthéon (chap. 2), passent devant le château Saint-Ange, vont à Saint-Pierre, visitent le Capitole, passent « deux jours à parcourir les sept collines » (*Corinne*, Folio, p. 116). Sentant l'amour croître en lui, Oswald interrompt quelque temps ces visites.

- « Livre V : Les tombeaux, les églises, les palais »

Avec un certain embarras réciproque, ils reprennent leurs visites de Rome. Tombeau de Cecilia Metella, Columbarium, nombreuses églises de Rome, Villa Mellini. Réflexions sur le mauvais air de Rome et ce « danger mystérieux » qui fascine Oswald.

- « Livre VI : Les mœurs et le caractère des Italiens »

Corinne voudrait que lord Nelvil lui déclare ses projets ; échange de lettres : l'arrivée de M. Edgermond ravive chez Oswald le souvenir de Lucile, jeune fille qu'il devait épouser, conformément au vœu de leurs pères. Corinne demeure mystérieuse : Oswald pense qu'elle a dû vivre en Angleterre ; pourquoi a-t-elle quitté ce pays ? pourquoi s'enveloppe-t-elle de mystère ? Soirée chez Corinne ; la présence d'Edgermond paralyse son don d'improvisation.

- « Livre VII : La littérature italienne »

Nouvelles réunions chez Corinne où entre Corinne, Edgermond, Oswald et Erfeuil s'engagent des conversations sur les mérites comparés de la littérature anglaise, de la littérature italienne et de la littérature française. Représentation privée de *Roméo et Juliette*, Corinne jouant le rôle de Juliette avec une extrême émotion. Celle d'Oswald n'est pas moindre.

- « Livre VIII : Les statues et les tableaux »

Oswald déchiré entre sa passion pour Corinne et le souvenir de son père. Corinne obtient un serment d'Oswald : s'il doit retourner en Angleterre, jure-t-il, « si ce départ est nécessaire, je vous en préviendrai, et ce moment décidera de notre vie » (p. 214). Après une maladie, Oswald reprend les visites de Rome avec Corinne : musée du Vatican, sculptures, peintures. Expédition à Tivoli.

- « Livre IX : La fête populaire et la musique »

Carnaval à Rome. Concert. « Qui n'a pas entendu le chant italien, ne peut avoir l'idée de la musique. » (p. 247) Oswald apprend que Corinne est partie faire une retraite dans un couvent pour quelques jours. Il revoit avec douleur sa maison désertée.

- « Livre X : La semaine sainte »

Oswald visite des couvents d'hommes, et va entendre des prédications. Cérémonies de la semaine sainte à Rome. Il va entendre le *Miserere* à la chapelle Sixtine. Corinne est là. Fête de Pâques, réflexions sur la religion italienne. Corinne décide d'accompagner lord Nelvil à Naples.

- « Livre XI : Naples et l'ermitage de St Salvador »

Ils arrivent à Terracine, puis à Naples, « pendant que l'éruption du Vésuve durait encore » (p. 293). Un vaisseau de guerre anglais dans le port. Ruines de Pompéi. Oswald se décide enfin à confier son passé à Corinne.

- « Livre XII : Histoire de lord Nelvil »

Son enfance et son amour pour son père. Son séjour en France en 1791 : il s'est laissé séduire par le « tourbillon spirituel » de Paris (*Corinne*, Folio, p. 307). Il a cru aimer Mme d'Arbigny, sœur de son ami Raimond. La Révolution gronde. Oswald passe un an en Écosse. Raimond a été guillotiné, Mme d'Arbigny demande l'aide d'Oswald qui vient la chercher à Paris. Il apprend que son père est malade et il est déchiré entre deux sentiments contradictoires. Conversation avec M. de Maltigues « quittez ma cousine, ou bien épousez-la » (p. 326). Duel dont Mme d'Arbigny est l'enjeu. Oswald ménage Maltigues qui épouse Mme d'Arbigny. Oswald rentre en Écosse et trouve son père mort.

- « Livre XIII : Le Vésuve et la campagne de Naples »

« Rivage de cendres de la lave enflammée » (p. 337). Oswald reçoit une lettre de lady Edgermond. Oswald apprend à Corinne que son père avait désiré son mariage avec Lucile, fille de lady Edgermond. Trouble de Corinne. Corinne a préparé une fête en l'honneur d'Oswald, sur le cap Misène. Improvisation de Corinne dans la campagne de Naples (p. 349 *sq.*). Retour à Naples. Thérésine, femme de chambre de Corinne, remet à Oswald une lettre de Corinne qui contient son histoire.

- « Livre XIV : Histoire de Corinne »

Corinne révèle qu'elle était la fille d'un premier mariage de lord Edgermond avec une italienne. Il s'était remarié avec une anglaise très traditionnelle. Le père d'Oswald qui était ami de lord Edgermond avait le sentiment que Corinne ne pouvait convenir à Oswald. Après la mort de lord Edgermond, Corinne ne pouvant supporter sa belle-mère ni la province anglaise a décidé de partir pour l'Italie. Pour éviter le scandale, lady Edgermond a fait croire que Corinne était morte.

- « Livre XV : Les adieux à Rome et le voyage à Venise »

Trouble d'Oswald à la lecture de la lettre de Corinne. Il erre dans les ruines de Portici où Corinne le rejoint. « Il faut pourtant que je connaisse les raisons que mon père peut avoir eues pour s'opposer, il y a sept ans, à notre union. » (p. 394) Il a donc décidé de retourner en Écosse pour voir un ami de son père. Il jure à Corinne de revenir avant trois mois. Retour à Rome. Maladie de Corinne. Remise, elle accompagne Oswald à Venise. Ancone. Venise en septembre. réflexions sur le gouvernement vénitien.

- « Livre XVI : Le départ et l'absence »

Hommages que Corinne reçoit à Venise. Oswald vient de recevoir la nouvelle que son régiment s'embarque dans un mois. Il doit donc aller en Angleterre ou se déshonorer. Il a reçu des lettres d'Angleterre lui apprenant que sa liaison avec Corinne commence à être connue, que lady Edgermond refuse de reconnaître Corinne, et que par conséquent elle ne peut l'accompagner en Angleterre. Hésitations pathétiques d'Oswald qui finalement quitte Corinne. Arrivé en Angleterre, il va chez lady Edgermond, découvre les charmes de

Lucile, puis va en Écosse. M. Dickson lui remet une lettre de son père qui lui recommande de travailler à l'union d'Oswald et de Lucile. « Tout se réunissait pour renverser le bonheur de Corinne absente. » (*Corinne*, Folio, p. 469)

- « Livre XVII : Corinne en Écosse »

Les lettres d'Oswald à Corinne sont moins tendres. Inquiète, elle décide enfin d'aller le rejoindre. Elle tombe malade à Londres. Oswald, lady Edgermond et Lucile s'y trouvent également ; à plusieurs reprises. Corinne, qui n'a toujours pas révélé à Oswald qu'elle était en Angleterre, constate l'intérêt qu'il porte à Lucile. (Un soir où des amis ont voulu l'emmener au théâtre, elle aperçoit Oswald qui, d'une loge, regarde attentivement Lucile qui se trouve dans une autre loge. Elle voit aussi tous les soirs la voiture d'Oswald devant la maison de lady Edgermond qui est malade. Elle voit, toujours incognito, Oswald passant en revue son régiment. Lucile y a été invitée). Oswald repart pour l'Écosse, inquiet de ne plus recevoir de lettres de Corinne. Corinne part pour Édimbourg. Un soir, elle aperçoit une fête dans le château de lady Edgermond. Persuadée qu'elle doit, pour se conformer à la volonté de son père et de celui d'Oswald, s'effacer devant Lucile, elle fait remettre à Oswald, dans une enveloppe, l'anneau, symbole de leur amour.

- « Livre XVIII : Le séjour à Florence »

Le comte d'Erfeuil, venu voir Oswald, trouve Corinne évanouie sur le chemin qui mène au château. Corinne apprend par un journal qu'Oswald va épouser Lucile. Profondément atteinte dans sa santé physique et morale, elle regagne l'Italie. Installée près de Florence, elle va à l'église Santa Croce, visite des musées ; mais elle se rend compte qu'elle a perdu le don d'improvisation. Elle note quelques fragments (chap. 5). Le prince Castel-Forte, venu à Florence, s'inquiète de la santé de Corinne.

- « Livre XIX : Le retour d'Oswald en Italie »

Flash back pour expliquer l'attitude d'Oswald. Il a interprété la remise de l'anneau accompagné du mot « vous êtes libre » comme une rupture ; n'ayant pas reçu de lettres de Corinne pendant deux mois, il a cru qu'elle ne l'aimait plus. Lady Edgermond n'a accepté de reconnaître Corinne et de lui transmettre l'héritage auquel elle a droit qu'à condition qu'Oswald épouse Lucile. Ainsi Oswald a pris une décision précipitée. Par Dickson et par Erfeuil, il apprend l'histoire du voyage de Corinne en Angleterre. Lord Nelvil tombe malade. Lady Edgermond meurt. Lord Nelvil part avec Lucile en Italie, prétextant la nécessité de se soigner.

- « Livre XX : Conclusion »

Oswald apprend l'état où se trouve Corinne par Castel-Forte ; elle refuse de le revoir. « C'est un homme qui m'a fait trop de mal. » (p. 565) Oswald comprend l'étendue de sa culpabilité envers Corinne et lui écrit une longue lettre (p. 567-570). Corinne lui répond qu'elle ne désire pas le voir, sauf à l'article de la mort ; elle voudrait voir Lucile et sa fille. Juliette, la fille d'Oswald et de Lucile, est conduite chez Corinne ; un entretien « plein de franchise » a lieu entre Lucile et Corinne. Corinne mourante fait réciter en public par une jeune fille son « chant du cygne » (*Corinne*, Folio, p. 582-584). Lord Nelvil, qui assiste à cette représentation, perd connaissance. Corinne meurt après avoir « rempli tous les devoirs de sa religion ». Oswald est d'abord fou de douleur. Puis il revient en Angleterre où il donne « l'exemple de la vie domestique la plus régulière ». Les dernières lignes du roman laissent le lecteur dans le doute : quels furent les sentiments d'Oswald ? « Se pardonna-t-il sa conduite passée [...] Je l'ignore, et ne veux, à cet égard, ni le blâmer, ni l'absoudre. » (p. 587)

Ce résumé qui, quoique long, ne donne qu'une faible idée de la richesse de l'œuvre, appelle quelques remarques. Et d'abord sur le rythme général de ce roman. Il y a une accélération pathétique à partir du livre XVII. En revanche l'action jusque-là progresse lentement. Un effet d'art provient de ce contraste. La fin, comme celle d'une tragédie, est marquée par l'inexorable fatalité. Les seize premiers livres sont d'un rythme plus lent, ce qui souligne les hésitations de Nelvil, et permet l'introduction dans la diégèse de nombreuses descriptions. Le roman devient parfois un traité « ou l'Italie » — conformément à son sous-titre : la rédaction de *Corinne* s'insère chronologiquement dans la période où Mme de Staël travaille à *De l'Allemagne*. Il y a une certaine symétrie entre les deux livres, quoique *De l'Allemagne* ne comporte pas d'intrigue romanesque et que *Corinne* fasse davantage place aux descriptions de monuments et *De l'Allemagne* à des dissertations, accompagnées de traductions, sur la littérature et la philosophie allemandes.

L'intrigue romanesque languit-elle dans ces dix-sept premiers livres ? Certes non et pour plusieurs raisons. D'abord parce qu'un lien organique unit l'intrigue et les réflexions sur l'art et la nature en Italie. En effet, le drame de Corinne, c'est d'être italienne et passionnée, tandis qu'Oswald, écossais, est plus réservé. Les descriptions contiennent donc une explication de la diégèse. L'itinéraire parcouru par Oswald et Corinne à travers l'Italie est symbolique d'une avancée vers la lumière de Naples ; au retour ils revoient les mêmes lieux, mais leur couleur a changé parce que l'état psychologique des personnages n'est plus le même ; Mme de Staël est un peintre impressionniste qui, tel Monet, peindrait plusieurs fois les mêmes lieux avec des éclairages différents. D'autre part, elle a su créer un effet de suspens, en plaçant tard dans le roman l'histoire d'Oswald et celle de Corinne qui donnent la clé du drame. Jusque-là le lecteur participe de l'ignorance et par conséquent de l'attente des personnages eux-mêmes. Enfin, par-delà ces deux révélations parallèles, tout un jeu de symétries, de pressentiments travaille le texte. Le récit de l'épisode de Mme d'Arbigny par exemple, quoique cette femme soit si différente de Corinne, permet de révéler des aspects du caractère d'Oswald que l'on retrouve identiques dans sa liaison avec Corinne.

Types et individualités

Un des intérêts, et une des difficultés pour l'écrivain et pour le lecteur, réside dans cette tension entre des types et des individus. Corinne représente l'Italienne, Oswald, l'Écossais comme paroxysme de l'Anglais ; dans cette typologie des pays, Mme de Staël a joué un rôle important, quoique précédée par toute une réflexion des philosophes des Lumières. On songe à Montesquieu et à l'*Esprit des Lois*, à Voltaire et aux *Lettres anglaises*. Le personnage du lord anglais envahit le roman de la fin du XVIIIe siècle, à la suite de l'abbé Prévost et de la réussite de *La Nouvelle Héloïse* de Rousseau. L'Angleterre cependant présente une image complexe : elle est à la fois le lieu de la liberté philosophique et politique, mais aussi des fortes traditions sociales, de la respectabilité. L'Anglais se soumet à ces règles, mais, surtout s'il est jeune, et davantage à mesure que l'on avance dans le XVIIIe siècle, il est un être à la fois positif et rêveur, capable de sombre passion, amoureux de la nature, et atteint par le spleen. L'Italie, c'est le naturel : thème que l'on retrouvera encore chez Stendhal, fortement alimenté par tout un mythe de la musique italienne chez les philosophes des Lumières. Mais l'Italie est aussi le monde de la culture, de plusieurs couches de culture qui se sont superposées avec une richesse fascinante. L'Italie, soumise aux Autrichiens, est le pays de la servitude politique, mais elle est aussi le pays des aspirations à la liberté qui se font sentir fortement en ces premières années du XIXe siècle, le pays de la république romaine, de la république vénitienne.

Mme de Staël n'ignore rien de la complexité de ces images ; elle évite des simplifications caricaturales : Corinne n'est pas la force animale de la passion. Elle est une artiste, d'une immense culture. Oswald s'écarte aussi de milord Édouard. La géographie des personnages est complexe, puisque Corinne a un père anglais ; que le père d'Oswald dont pourtant l'influence posthume est si grande, avait d'abord épousé une Italienne. Oswald reproduit le schéma paternel en aimant d'abord une Italienne, bien qu'il se croie obligé par la volonté finale de ce père, d'épouser une Anglaise.

Des personnages relativement secondaires bénéficient également de cette typologie complexe. Ainsi le comte d'Erfeuil représente le Français avec ses qualités et ses défauts traditionnels : élégance, dons de sociabilité, goût de la vie mondaine et superficialité. Mais son caractère s'enrichit d'être entre deux siècles. Il représente l'Ancien Régime, mais la Révolution, loin de le figer dans ce rôle, a permis de découvrir en lui des qualités insoupçonnées s'il avait continué à vivre une existence tranquille. Obligé de quitter la France, ayant perdu ses biens, il s'adapte aux circonstances nouvelles ; avec un stoïcisme souriant, qui est aussi une forme de politesse, il ne se plaint pas. La traditionnelle insouciance du Français devient une preuve de courage. De même sa sociabilité devient charité vraie, lorsqu'il soigne Corinne abandonnée et trouvée sur la route d'Écosse.

La typologie des pays se combine avec celle des sexes : l'opposition Italie/Écosse se double de l'antithèse homme/femme, lourde aussi de clichés. Si *Corinne* constitue, par certains aspects, comme *Delphine*, mais peut-être de façon moins appuyée, un plaidoyer pour les femmes, Mme de Staël, dans la création du personnage n'en suit pas moins un cliché romanesque qui peut servir à la revendication féministe, cliché selon lequel c'est toujours la femme qui est la victime. Mais voilà ce cliché transformé par le génie de Corinne... et de Mme de Staël. Contrairement à Delphine, Corinne, qui tire son nom d'une poétesse grecque de l'Antiquité, possède une force créatrice que la tradition réserve à l'homme ; justement parce qu'elle est italienne, elle possède une liberté d'allure et d'action toute masculine. La passion ne parvient que partiellement à la faire rentrer dans l'ordre des clichés de la soumission et de l'anéantissement féminins.

Religion et culte des morts

Dans cette typologie oppositionnelle entre en jeu également l'appartenance à des religions différentes. Oswald est protestant anglican, et l'on sait les sympathies de Mme de Staël pour cette religion éclairée ; Corinne est catholique et, qui plus est, italienne, ce qui veut dire d'un catholicisme très affectif, attaché aux cérémonies, aux formes extérieures du culte, et même tenté par la superstition. *A priori* Mme de Staël devrait entraîner son lecteur vers le protestant Oswald, mais comme par ailleurs elle sollicite fortement sa sympathie pour Corinne, le voilà obligé de renoncer à des partis pris simplistes. Par rapport à *Delphine* le parallèle catholicisme/protestantisme est beaucoup moins défavorable au catholicisme. Le couvent où Corinne fait retraite pendant la Semaine sainte n'est pas vu d'un regard critique comme l'est le couvent où Delphine se réfugie en Suisse.

La question religieuse se double d'option philosophique. *A priori* ce devrait être Oswald le plus éclairé, si l'on se conforme à l'image de l'Anglais qu'avait diffusée le siècle précédent à partir d'une lecture un peu rapide des *Lettres anglaises* de Voltaire. Or finalement c'est Oswald qui est le plus conformiste. Ni le libre examen protestant, ni le libéralisme politique anglais ne suffisent pour qu'il accepte de remettre en cause fondamentalement sa conception traditionnelle de la femme. Corinne au contraire, loin d'être enfermée dans un catholicisme étroit, parce qu'elle est femme et créatrice, manifeste plus de liberté d'esprit. À quoi s'ajoute le fait qu'un personnage n'est pas fixé une fois pour toutes, que le roman est censé représenter le travail du temps. Les deux personnages évoluent. Mais là encore d'une façon complexe. On pourrait dire qu'à mesure que le roman progresse, Oswald se montre incapable de vivre la liberté, que Corinne au contraire risque le tout pour le tout et jusqu'à la mort. Cependant lorsque cette mort arrive, elle se soumet aux rites de l'Église catholique. Faut-il voir une symétrie : Oswald et Corinne reviendraient chacun en quelque sorte à leur point de départ ? Ce serait là encore simpliste. Car Corinne, tout en pratiquant les rites catholiques, manifeste par les discours qu'elle tient à une religion éclairée et même quelque peu rousseauiste pour un Dieu hors frontières. Quant à Oswald, nous avons vu que les dernières lignes du roman laissaient le lecteur libre d'imaginer ses sentiments intérieurs : certainement il a dû lui aussi mourir chrétiennement, mais qu'a-t-il pensé durant ces longues années dans sa retraite écossaise ? La distance entre son apparence et ses pensées profondes s'est-elle accrue, ou bien a-t-il connu une sorte d'endormissement de ses facultés critiques ? Chacun lira comme il le voudra les dernières lignes qui ne manquent pas d'une beauté énigmatique.

Entre le catholicisme de Corinne et le protestantisme d'Oswald, existe un point commun qui se rattache à des religions beaucoup plus anciennes : un culte des parents, un culte des morts qui est oppressant ; les deux défunts, le père d'Oswald et le père commun de Corinne et de Lucile, pèsent d'une façon que le lecteur pourra juger abusive sur le destin des vivants. La scène où Corinne et Lucile se retrouvent sur la tombe de lord Edgermond a une valeur symbolique et décide du tournant que prend l'action et du renoncement de Corinne. Les nombreuses visites aux tombeaux antiques ou plus modernes qu'autorise la découverte de l'Italie ne sont pas seulement une concession à la mode dite « préromantique » des tombeaux, à la poésie des cimetières, chère à l'école anglaise de Hervey et de Young ; elle prend une signification par rapport à ce culte — superstitieux pour le coup — des morts, et Oswald est encore plus victime de cette superstition-là que Corinne. Pratiquera-t-il envers Corinne une dévotion de la morte qu'il n'a pas pu observer pour la vivante ? Là encore, libre au lecteur d'imaginer.

L'accueil de *Corinne*

Les contemporains ont en général senti que *Corinne* était un chef-d'œuvre, même quand ils marquaient des réactions hostiles. Cette hostilité provenait soit de préjugés moraux et machistes, soit d'oppositions politiques, soit enfin d'un goût classique trop étroit. Les trois types d'objections peuvent d'ailleurs très bien se combiner. Féletz dans le *Journal de l'Empire* dont le titre vaut programme, reproche à Mme de Staël d'avoir créé des personnages invraisemblables : « Elle leur donne des passions extraordinaires sur lesquelles elle les fait disserter dans un langage souvent extraordinaire. » *La Gazette de France* réprouve Corinne, comme le ferait lady Edgermond : « Une femme qui se distingue par d'autres qualités que celles de son sexe contrarie l'ordre général. »

Benjamin Constant répond à ces objections dans *Le Publiciste* en montrant bien la complexité de *Corinne*. « Ni Mme de Staël, ni Constant n'écartent la finalité morale du roman ; il permet d'atteindre indirectement une fin morale supérieure, quand il parvient à la beauté qui ébranle les âmes », conclut fort justement S. Balayé. (*Mme de Staël. Lumières et liberté, op. cit.*, p. 154 ; cf. les pages précédentes sur la réception de *Corinne*.) Un bel article de Schlegel fit aussi l'éloge de *Corinne* (sa traduction a paru dans les *Cahiers staëliens* n° 16). La réception du roman à l'étranger a été tout aussi importante dans le développement du romantisme européen. L'Europe n'avait pas de raisons, bien au contraire, de partager le point de vue du *Journal de l'Empire* !

Troisième partie

Une réflexion généraliste sur la littérature

L'*Essai sur les fictions*

Chez Madame de Staël, la création romanesque s'est doublée tout au long de sa vie d'une réflexion sur la littérature qui alimente la fiction, mais aussi qui s'alimente à elle. Cette interaction continuelle entre critique et création est un des aspects les plus intéressants de cette riche personnalité et de cette œuvre à la fois diverse et profondément cohérente. Dès le début de sa carrière, les *Lettres sur Jean-Jacques Rousseau* (cf. *supra*) présentent déjà une réflexion sur la littérature qui est encore plus sensible dans l'*Essai sur les fictions* dont on se rappelle qu'il parut en 1795 dans le *Recueil de morceaux détachés*, accompagné d'un poème et de trois nouvelles que nous avons analysées plus haut.

L'*Essai sur les fictions* commence par un éloge de l'imagination : « Il n'est point de faculté plus précieuse à l'homme que son imagination : la vie humaine semble si peu calculée pour le bonheur, que ce n'est qu'à l'aide de quelques créations, de quelques images, du choix heureux de nos souvenirs, qu'on peut rassembler des plaisirs épars sur la terre, et lutter, non par la force philosophique, mais par la puissance plus efficace des distractions, contre les peines de toutes les destinées. » (*O.C.*, t. II, p. 161)

Comme la plupart des ouvrages de Mme de Staël, celui-ci est fortement structuré : « Les fictions peuvent être divisées en trois classes : 1° les fictions merveilleuses et allégoriques ; 2° les fictions historiques ; 3° les fictions où tout est à la fois inventé et imité ; où rien n'est vrai, mais où tout est vraisemblable. » (*ibid.*, p. 163-164) La troisième partie sera la plus développée, car « Les romans qui peindraient la vie telle qu'elle est, avec finesse, éloquence, profondeur et moralité, seraient les plus utiles de tous les genres de fictions. » (*ibid.*, p. 164)

La première partie reprend donc des discussions sur le merveilleux, chères à la critique littéraire, en particulier depuis la Querelle des Anciens et des Modernes. Mme de Staël aborde la question de l'épopée, mais en romancière : « Lorsque Didon aime Énée, parce qu'elle a serré dans ses bras l'amour que Vénus avait caché sous les traits d'Ascagne, on regrette le talent qui aurait expliqué la naissance de cette passion par la seule peinture des mouvements du cœur. » (*ibid.*, p. 166) « Sans doute les dieux ne prennent que la place du sort ; c'est le hasard personnifié : mais dans les fictions, il vaut mieux écarter son influence ; tout ce qui est inventé doit être vraisemblable : il faut que l'on puisse expliquer tout ce qui étonne par un enchaînement de causes morales. » (*O.C.*, t. II, p. 167-168) La réflexion ne se borne pas aux épopées antiques ; Mme de Staël parle aussi de Milton vers qui va toute son admiration : « Ce qu'il y a de vraiment sublime dans les poèmes épiques les plus remarquables par le merveilleux de leurs fictions, ce sont les beautés tout à fait indépendantes de ce merveilleux ; ce qu'on admire dans le Satan de Milton, c'est un homme. » (*ibid.*, p. 168) Elle se montre sévère pour les romans de chevalerie qui « font encore plus sentir les inconvénients du merveilleux ; non seulement il influe sur l'intérêt de leur événements [...] mais il se mêle au développement même des caractères et des sentiments. Les héros sont gigantesques, les passions hors de la vérité » (*ibid.*, p. 169). Plus bas encore dans l'échelle des valeurs : l'allégorie, inférieure au merveilleux, car elle affaiblit la pensée elle-même. Certes le *Télémaque* de Fénelon est « un charmant poème », mais « les deux pouvoirs que les moralistes distinguent dans le cœur de l'homme sont deux personnages dans le poème de Fénelon ; le caractère de Mentor est sans passion, celui de Télémaque sans empire sur lui-même » (*ibid.*, p. 174).

La mode du roman historique a déjà pénétré en France au XVIIIe siècle ; elle va se développer encore au début du XIXe. Il peut paraître intéressant de voir ce qu'écrit Mme de Staël, en pionnière par rapport à l'époque romantique. Le recours à l'histoire lui semble nécessaire dans la tragédie et l'épopée. « Quand il faut faire naître et resserrer tous les sentiments dans l'espace de vingt-quatre heures et de cinq actes, ou bien soutenir son héros à la hauteur de la poésie épique, aucun homme, aucune histoire n'offre un modèle complet pour ce genre ; mais l'invention qu'il rend nécessaire ne ressemble en rien au merveilleux : ce n'est point une autre nature, c'est un choix dans celle qui existe. » (*ibid.*, p. 179) En revanche « il est une autre sorte de fictions historiques, dont je souhaiterais que le genre fût banni ; ce sont les romans entés sur l'histoire, tels que les Anecdotes de la cour de Philippe-Auguste, et plusieurs autres encore » (*ibid.*, p. 180). Surchargeant la réalité de détails inventés, ils faussent cette réalité elle-même, en ramenant tout à des intrigues amoureuses, et ainsi affaiblissent l'Histoire.

« La troisième et dernière partie de cet essai doit traiter de l'utilité des fictions, que j'ai appelées naturelles, où tout est à la fois inventé et imité, où rien n'est vrai, mais où tout est vraisemblable. » Le roman peindra donc des sentiments habituels, dans des circonstances communes : « Cette utilité constante et détaillée qu'on peut retirer de la peinture de nos sentiments habituels, le genre seul des romans modernes me paraît y pouvoir atteindre. On a fait une classe à part de ce qu'on appelle les romans philosophiques ; tous doivent l'être, car tous doivent avoir un but moral. » (*ibid.*, p. 183) Mieux vaudrait cependant ne pas risquer de tomber dans l'allégorie ou dans le merveilleux, risque que n'évitent pas *Candide, Zadig, Memnon*. Ce que nous appelons de nos jours la « fiction autoritaire » ou le roman à thèse risque de manquer son but. « Ces romans ont alors un peu l'inconvénient des instituteurs que les enfants ne croient point, parce qu'ils ramènent tout ce qui arrive à la leçon qu'ils veulent donner. » (*O.C.*, t. II, p. 183) Suit, en revanche, l'éloge de Richardson et de Fielding, déjà entrepris par Diderot ; il n'en est pas moins intéressant de souligner cet intérêt de Mme de Staël pour le roman anglais.

Mme de Staël conseille aux romanciers d'étendre le champ de leur investigation. Ils ont trop tendance à se limiter à la description de la passion amoureuse. Or : « L'ambition, l'orgueil, l'avarice, la vanité, pourraient être l'objet principal de romans, dont les incidents seraient plus neufs, et les situations aussi variées que celles qui naissent de l'amour. » (*ibid.*, p. 186) Mme de Staël pressent-elle *La Comédie humaine* ? Elle recourt de nouveau à la littérature anglaise pour fournir des exemples de cette extension possible de l'observation romanesque et cite *Tom Jones* de Fielding et *Caleb Williams* de Godwin (*ibid.*, p. 194-195), Sterne et le *Spectateur* (*ibid.*, p. 195) ; elle appelle de ses vœux « un nouveau Richardson » (*ibid.*, p. 193). « Que de beautés ne pourrait-on pas trouver dans le Lovelace des ambitieux ! » (*ibid.*, p. 194)

Le roman peint une vérité plus vraie que l'Histoire qui ramenée à l'événement « laisse d'immenses intervalles où peuvent se placer les malheurs et les torts dont se composent cependant la plupart des destinées privées » (*ibid.*, p. 188). Les mémoires pourraient remplir un peu ce rôle mais « Il faudrait ajouter à la vérité une sorte d'effet dramatique qui ne la dénature point, mais la fait ressortir en la resserrant. » (*ibid.*, p. 190) L'aspect le plus neuf dans ce texte, qui par ailleurs reprend le *topos* de l'utilité morale des romans, semble bien résider dans l'appel à un nouveau réalisme et à l'extension du champ romanesque dont le XVIIIe siècle portait déjà le signe (Mme de Staël cite surtout les Anglais, elle n'ignore pas cependant *Gil Blas*, mais ne peut alors connaître l'œuvre romanesque de Diderot, encore en majeure partie inédite. Elle a dans sa bibliothèque l'édition du *Neveu de Rameau* en allemand, 1805 et les *Contes*, cf. *Cahiers staëliens* n° 23).

De la littérature

Situation historique et enjeux politiques

De la littérature paraît en avril 1800 (an VIII) ; une seconde édition est donnée en décembre 1800 (an IX). Le manuscrit est perdu. Comme le remarque S. Balayé, « la date est symbolique ; au moment où la vie politique de la France prend un tournant, au moment où risquent de s'infléchir les idées philosophiques, morales et littéraires, Mme de Staël publie un plaidoyer en faveur du XVIIIe siècle, qui est en même temps une ouverture sur l'avenir » (*Mme de Staël. Lumières et liberté, op. cit.*, p. 81). *De la littérature* précède le *Génie du christianisme*, autre texte fondateur de l'esthétique du XIXe siècle. Si l'on est amené à rapprocher ces deux œuvres importantes et novatrices, il faut cependant noter que leur esprit est bien différent. Chateaubriand utilise ses analyses littéraires dans des visées religieuses : il s'agit de montrer l'apport du christianisme à la civilisation occidentale, et de prouver sa vérité par sa beauté. Mme de Staël reste plus fidèle à l'esprit du siècle philosophique ; en cela *De la littérature* serait plus proche de l'ouvrage que Chateaubriand a écrit avant sa conversion : l'*Essai sur les Révolutions*.

Cependant *De la littérature* fait aussi une large place au rôle civilisateur de la religion chrétienne. « La religion chrétienne, lorsqu'elle a été fondée, était, ce me semble, nécessaire aux progrès de la raison » (*De la littérature*, GF, 1991, p. 165) ; elle a contribué à créer un lien entre les peuples du nord de l'Europe et ceux du midi ; « rapprochant des ennemis, elle en a fait des nations, dans lesquelles les hommes énergiques fortifiaient le caractère des hommes éclairés, et les hommes éclairés développaient l'esprit des hommes énergiques » (*ibid.*, p. 168-169). Mme de Staël montre qu'il n'y a pas opposition entre christianisme au sens large et raison : en cela elle se rattache à tout un courant de la pensée des Lumières, à un auteur tel que l'abbé Yvon, responsable de beaucoup d'articles de l'*Encyclopédie*, et plus généralement à ce courant des Lumières chrétiennes, tout aussi important, même si ses représentants sont moins brillants, que le courant des Lumières matérialistes illustré par un Diderot.

Enfin elle se trouve devant un problème qui est celui de tous ceux qui sont restés fidèles à l'idéologie du progrès, tout en étant horrifiés par la Terreur. Condorcet, dans des conditions plus héroïques encore, en prison, rédige, avant de se tuer, une *Esquisse d'un tableau historique des progrès de l'esprit humain*. Mme de Staël n'a pas eu à souffrir si directement de la Révolution ; mais plusieurs de ses amis y ont péri ; d'autre part, elle voit aussi les menaces qui pèsent sur la période post-révolutionnaire. Mme de Staël croit encore que Bonaparte va pouvoir fonder un régime démocratique, et espère — à tort — se concilier ses bonnes grâces ; cependant elle est déjà consciente du risque qui pèse sur la démocratie, si le premier Consul s'achemine vers le pouvoir personnel. Concilier l'idée de progrès avec les vicissitudes politiques que la France a subies depuis 1792, Mme de Staël n'y renonce pas ; mais cela l'amène à participer d'une vision cyclique de l'Histoire qui, par certains aspects, se rapproche de celle de Vico : l'Histoire de l'Humanité, globalement, est une marche vers le Progrès et les Lumières, mais avec des périodes de recul et d'horreur. Ces périodes cependant ne peuvent être que passagères, et le message de la Révolution purifié de ses scories demeurera : c'est celui de la liberté.

Il faut bien comprendre qu'au moment où Mme de Staël écrit, la notion de Progrès est un point névralgique dans la réaction contre les Lumières et contre les transformations politiques amenées par la Révolution. « D'où vient donc, se demande-t-elle, que ce système de la perfectibilité de l'espèce humaine déchaîne maintenant toutes les passions politiques ? quel rapport peut-il avoir avec elles ? » (*De la littérature*, GF, p. 59) Les raisons de cette opposition sont alors essentiellement politiques. Or Mme de Staël prouve que ce système n'implique pas forcément le choix de tel type de gouvernement. « Les partisans de la monarchie, comme ceux de la république, doivent penser que la constitution qu'ils préfèrent est favorable à l'amélioration de la société et aux progrès de la raison ; s'ils n'en étaient pas convaincus, comment pourraient-ils soutenir leur opinion en conscience ? » (*ibid.*, p. 59) Cette conception n'est pas non plus contraire à la religion. « Les prédicateurs éclairés ont toujours représenté la morale religieuse comme un moyen d'améliorer l'espèce humaine. » (*ibid.*, p. 60-61)

La notion de perfectibilité se heurte à une autre difficulté d'ordre esthétique. On ne peut sans ridicule vouloir prouver que Delille est supérieur à Virgile. Il faut donc distinguer les progrès de la civilisation et de la pensée d'une part, la beauté esthétique d'autre part qui a pu être atteinte dans l'Antiquité. La raison se perfectionne, mais l'art peut atteindre immédiatement au sublime, sans avoir besoin du progrès de la civilisation. Les « arts d'imagination » ne sont point « susceptibles d'une perfection indéfinie, tandis qu'on ne [peut] prévoir le terme où s'arrêterait la pensée » (*ibid.*, p. 58). Mme de Staël « n'applique le système de perfectibilité qu'aux progrès des idées, et non aux merveilles de l'imagination » (*ibid.*, p. 91).

Plan de l'ouvrage

Il faut d'abord rappeler que le titre intégral est : *De la littérature considérée dans ses rapports avec les institutions sociales*, ce qui souligne bien un projet de ce que nous appellerions la sociologie de la littérature. Après un discours préliminaire qui analyse les rapports de la Littérature avec la Vertu, la Gloire, la Liberté et le Bonheur, deux parties. Première partie : « De la littérature chez les Anciens et chez les Modernes » suit un plan chronologique, en partant d'Homère (chap. I), puis donne un tableau de la littérature grecque (chap. II à IV), de la littérature latine (chap. V à VII), du Moyen Âge et de la Renaissance (chap. VIII, IX), « De l'esprit général de la littérature chez les Modernes » (chap. IX), de la littérature italienne et espagnole (chap. X), de la littérature du nord (chap. XI, XII), de la littérature anglaise (chap. XIII à XVI), de la littérature allemande (chap. XVII), enfin de la littérature française jusqu'en 1789 (chap. XVIII à XX).

La seconde partie s'intitule « De l'état actuel des Lumières en France, et de leurs progrès futurs ». Le chapitre I est une introduction générale ; le chapitre II traite du goût et de l'influence des mœurs sur la littérature ; chapitre III : « De l'Émulation » ; chapitre IV : « Des femmes qui cultivent les Lettres » ; chapitre V : « Des ouvrages d'imagination » ; chapitre VI : « De la Philosophie » ; chapitre VII : « Du style des Écrivains et de celui des Magistrats » ; chapitre VIII : « De l'Éloquence ». Le chapitre IX est une conclusion.

On ne reprochera pas à Mme de Staël les ignorances qui sont celles de son temps sur la littérature médiévale, par exemple, ni quelques erreurs. On peut s'indigner de son injustice envers Marivaux, mais elle n'est que l'écho d'une interprétation fréquente à son époque d'un Marivaux réduit au marivaudage (*De la littérature*, GF, p. 382). On s'étonnera aussi de la quasi-absence de Dante dans le chapitre sur la littérature italienne et espagnole, tandis que Chateaubriand en comprend bien la grandeur. La connaissance que Mme de Staël possède alors de la littérature italienne est encore assez superficielle. Si on compare *De la littérature* à *Corinne*, on voit bien comment ses connaissances se sont approfondies à partir de 1804.

L'intérêt du livre réside dans la façon dont Mme de Staël explore un domaine relativement peu connu du public français, celui des littératures du nord. Certes, Shakespeare n'est pas un inconnu alors ; il a été traduit pendant le XVIIIe siècle, mais en lui faisant subir une regrettable purification dans le sens du classicisme. Annonciatrice en cela de Stendhal, Mme de Staël réclame un Shakespeare plus authentique. Elle concède cependant aux ennemis de Shakespeare des inégalités. « L'un des plus grands défauts de Shakespeare, c'est de n'être pas simple dans l'intervalle des morceaux sublimes. Souvent il a de l'affectation lorsqu'il n'est point exalté par son génie. » (*ibid.*, p. 226) Mais quelle grandeur, quelle originalité ! « Un sentiment que Shakespeare seul a su rendre théâtral, c'est la pitié, sans aucun mélange d'admiration pour celui qui souffre. » (*ibid.*, p. 218) « S'il excelle à peindre la pitié, quelle énergie dans la terreur ! c'est du crime qu'il fait sortir l'effroi. » *Macbeth* est admirable. Le merveilleux y est intériorisé : « Ce merveilleux n'est, pour ainsi dire, que les fantômes de l'imagination, qu'on fait apparaître aux regards du spectateur. » (*De la littérature*, GF, p. 219-220) Shakespeare a su peindre de façon inégalée la douleur et l'isolement de l'homme (*ibid.*, p. 227). Il faut comprendre, et là encore le rapprochement avec Stendhal s'impose, que la défense de Shakespeare fait partie de l'arsenal de guerre du romantisme naissant dans ces années qui précèdent la bataille d'*Hernani*. Shakespeare fait sentir à quel point le théâtre classique français est figé. « Il existe sur le théâtre français de sévères règles de convenance, même pour la douleur. » (*ibid.*, p. 227) « Le théâtre de la France république admettra-t-il maintenant, comme le théâtre anglais, des héros peints avec leurs faiblesses, les vertus avec leurs inconséquences, les circonstances vulgaires à côté des situations les plus élevées ? » (*ibid.*, p. 228) Le rappel du régime républicain de la France d'alors n'est certes pas innocent. Des héros plus humains seront plus proches du citoyen.

La littérature allemande, Mme de Staël ne l'a pas encore explorée aussi profondément qu'elle va le faire dans les années qui suivent (une note, p. 261, *ibid.*, trace en quelque sorte un programme d'étude future). Néanmoins attirer l'attention du public français sur cette littérature est déjà important. L'évocation de *Werther*, certes bien connu alors, lui permet de revenir sur une question qui lui importe — on l'a vu à propos de *Delphine* : la représentation du suicide dans le roman. Là encore la défense de *Werther* fait sens ; défendre cette œuvre de Goethe, c'est défendre le droit à l'enthousiasme (*De la littérature*, p. 260), affirmer aussi que la peinture du désespoir ne suscite pas forcément le désespoir du lecteur. Ce n'est pas la faute de Goethe si *Werther* a produit de « mauvais imitateurs » (*ibid.*, p. 263). Mme de Staël fait aussi une bonne place à la *Messiade* de Klopstock, qui « à travers une foule innombrable de défauts, de longueurs, de mysticités, d'obscurités inexplicables, contient des beautés du premier ordre » (*ibid.*, p. 261). Elle cite un passage du chant II avec ce commentaire : « L'étonnement que causerait l'idée de la mort à qui l'apprendrait pour la première fois est peinte avec une touchante énergie. » (*ibid.*, p. 261) On pourra lire comme une annonce ou un pressentiment à la fois du despotisme napoléonien, du développement de la littérature allemande et même *De l'Allemagne* dans ce propos : « Si par quelques malheurs invincibles, la France était un jour destinée à perdre pour jamais tout espoir de liberté, c'est en Allemagne que se concentrerait le foyer des lumières ; et c'est dans son sein que s'établiraient, à une époque quelconque, les principes de la philosophie politique. » (*De la littérature*, p. 269)

Le théâtre et le rire

Un des aspects qui établit encore un lien entre Mme de Staël et le *Racine et Shakespeare* de Stendhal qui lui doit beaucoup, c'est l'importance donnée au théâtre et à une analyse sociologique du rire. « La gaieté produite par les combinaisons de l'esprit, et la gaieté que les Anglais appellent *humour*, n'ont presque aucun rapport l'une avec l'autre » (*De la littérature*, GF, p. 229). L'explication de cette différence, Mme de Staël la trouve dans des causes sociologiques et historiques. « Les Anglais sont retirés dans leurs familles, ou réunis dans des assemblées publiques pour les discussions nationales. L'intermédiaire qu'on appelle la société, n'existe presque point parmi eux ; et c'est dans cet espace frivole de la vie que se forment cependant la finesse et le goût. » (*ibid.*, p. 230) « Les Anglais n'ont point parmi eux un auteur comique tel que Molière ; et s'ils le possédaient, ils ne sentiraient pas toutes ses finesses. Dans les pièces mêmes telles que *L'Avare*, le *Tartuffe*, *Le Misanthrope*, qui peignent la nature humaine de tous les pays, il y a des plaisanteries délicates, des nuances d'amour-propre, que les Anglais ne remarqueraient seulement pas ; ils ne s'y reconnaîtraient point, quelque naturelles qu'elles soient. » (*ibid.*, p. 230-231) Mme de Staël sent bien qu'il faut nuancer son propos et évoque Sheridan et Congreve ; l'analyse sociologique du comique à la française n'en demeure pas moins intéressante.

Et l'humour ? Il est soumis au même type d'analyse. « La langue anglaise a créé un mot, *humour*, pour exprimer cette gaieté qui est une disposition du sang presque autant que de l'esprit ; elle tient à la nature du climat et aux mœurs nationales ; elle serait tout à fait inimitable là où les mêmes causes ne la développeraient pas. » (*ibid.*, p. 233) Comme exemples, Fielding, Swift et surtout Sterne — on remarquera qu'il s'agit de romanciers, non de dramaturges. Cette différence fondamentale entre le comique français et l'humour anglais est à chercher dans les conditions politiques : « Quand le gouvernement est fondé sur la force, il peut ne pas craindre le penchant de la nation vers la plaisanterie : mais lorsque l'autorité dépend de la confiance générale, lorsque l'esprit public en est le principal ressort, le talent et la gaieté, qui font découvrir le ridicule et se plaire dans la moquerie, sont excessivement dangereux pour la liberté et l'égalité politique. » (*ibid.*, p. 234-235) Mme de Staël fait donc référence ici au pouvoir absolu de l'Ancien Régime opposé au régime constitutionnel de l'Angleterre comme éléments déterminants de la différence entre le comique français et l'humour anglais. Le chapitre se termine sur une hypothèse : « Nous avons parlé des malheurs qui sont résultés pour les Athéniens de leur goût immodéré pour la plaisanterie ; et la France nous fournirait un grand exemple à l'appui de celui-là, si la puissance des événements de la révolution avait laissé les caractères à leur développement naturel. » (*ibid.*, p. 235)

Une révolution en littérature ?

La conséquence logique du raisonnement de Mme de Staël, c'est que la France post-révolutionnaire ne peut avoir la même littérature que celle de l'Ancien Régime : une révolution littéraire après la révolution politique s'impose ; c'est bien ce qu'écrira Stendhal. L'attitude de Mme de Staël qui écrit un quart de siècle plus tôt est plus nuancée. Pour diverses raisons ; d'abord elle a vécu elle-même la Révolution, et fait de fortes réserves sur ses abus, non seulement dans le domaine de la politique, mais aussi dans celui du langage. Nous avons vu, d'autre part, que sa théorie du progrès était nuancée en ce qui concerne les arts. On ne doit donc pas s'étonner de lire au début du chapitre II de la deuxième partie : « L'on s'est persuadé pendant quelque temps, en France, qu'il fallait faire aussi une révolution dans les lettres, et donner aux règles du goût, en tout genre, la plus grande latitude. Rien n'est plus contraire aux progrès de la littérature, à ces progrès qui servent si efficacement à la propagation des lumières philosophiques, et par conséquent au maintien de la liberté. Rien n'est plus funeste à l'amélioration des mœurs, l'un des premiers buts que les institutions républicaines doivent se proposer. » (*De la littérature*, GF, p. 301-302) Que l'on abandonne les raffinements exagérés et stériles de l'Ancien Régime, certes, mais sans tomber dans le mauvais goût de la phraséologie révolutionnaire.

Il faut des changements mais qui ne soient pas contraires au « goût », notion toute classique à laquelle Mme de Staël demeure attachée. « Le style doit donc subir des changements, par la révolution qui s'est opérée dans les esprits et dans les institutions ; car le style ne consiste point seulement dans les tournures grammaticales : il tient au fond des idées, à la nature des esprits ; il n'est point une simple forme. Le style des ouvrages est comme le caractère d'un homme ; ce caractère ne peut être étranger ni à ses opinions, ni à ses sentiments ; il modifie tout son être. » (*ibid.*, p. 381) Les transformations du style sont donc inséparables du renouvellement des thèmes. Mme de Staël affirme que l'on devrait chercher de nouveaux sujets dans le Moyen Âge, s'insurgeant contre l'injuste mépris de beaucoup d'écrivains des siècles classiques. Chaque pays doit puiser son inspiration dans son passé mais aussi s'ouvrir davantage au présent des autres pays ; en quoi elle participe bien des principes du groupe de Coppet qui s'est formé autour d'elle (cf. S. Balayé, *Mme de Staël. Lumières et liberté, op. cit.*, p. 88). La deuxième partie de *De la littérature* analyse l'avenir de la littérature sous un gouvernement républicain où les talents littéraires s'uniront aux talents politiques, pour s'adresser au peuple entier (S. Balayé, *ibid.*, p. 85). Ce programme repose sur l'idée de l'utilité de la littérature, de son utilité morale. Mais l'on peut voir dans les romans de Mme de Staël et dans les textes qu'elle a écrits pour les défendre contre les attaques violentes dont ils ont été l'objet, qu'elle n'entend pas qu'il faille pour autant écrire une littérature édifiante. La véritable utilité morale de la littérature réside dans sa beauté, non dans l'exaltation de thèmes conformistes ni dans la mise en scène de personnages « moraux ». D'autre part, Mme de Staël donne une grande importance au théâtre, à sa force de régénération, parce qu'il s'adresse collectivement au peuple ; d'où son admiration pour le théâtre grec.

Si novateur soit-on, on n'est jamais totalement original. On trouverait chez Diderot à propos du théâtre ou chez Grimm à propos de l'opéra, des opinions très voisines. Mais dans le contexte post-révolutionnaire ces idées prennent une toute autre résonance. On notera aussi ce paradoxe, dont il faut rendre responsable l'Histoire et non Mme de Staël. Ces principes d'une littérature républicaine ne trouveront pas leur application sous la république, qui d'ailleurs ne va guère survivre à son livre, mais sous la monarchie de Juillet, dans les années 1830, monarchie bourgeoise et modérée, certes, mais qui s'écarte fort du modèle républicain. Il faut cependant rappeler que la république dont rêve Mme de Staël n'est pas démocratique, elle est censitaire et bourgeoise également.

Les femmes de lettres

Le chapitre IV de la deuxième partie aborde un thème cher à Mme de Staël : « Des femmes qui cultivent les lettres ». On peut y lire des revendications contre l'injuste situation de la femme dans la société qui la persécute d'autant plus si elle est supérieure par son caractère ou ses talents : c'est déjà le thème de *Delphine* et de *Corinne*. Telle est la triste situation que la société a faite à la femme : « Leur destinée ressemble, à quelques égards, à celle des affranchis chez les empereurs ; si elles veulent acquérir de l'ascendant, on leur fait un crime d'un pouvoir que les lois ne leur ont pas donné ; si elles restent esclaves, on opprime leur destinée. » (*De la littérature*, GF, p. 332) La Révolution n'a pas été féministe, c'est le moins que l'on puisse dire ! Elle marque même, en ce domaine, un recul par rapport à l'Ancien Régime. « Depuis la Révolution, les hommes ont pensé qu'il était politiquement et moralement utile de réduire les femmes à la plus absurde médiocrité. » (*ibid.*, p. 335) Or le respect des femmes est nécessaire à la république : « Éclairer, instruire, perfectionner les femmes comme les hommes, les nations comme les individus, c'est encore le meilleur secret pour tous les buts raisonnables, pour toutes les relations sociales et politiques auxquelles on veut assurer un fondement durable. » (*ibid.*, p. 338)

Toutes ces considérations nous semblent évidentes, et relativement timides, précisément parce que les livres de Mme de Staël ont fait beaucoup pour les progrès de la situation de la femme. Encore faut-il ne pas commettre d'anachronisme et ne pas vouloir retrouver dans ces textes le féminisme des années 1970-80. On peut s'étonner de voir, par exemple, un éloge de la situation de la femme en Angleterre (*ibid.*, p. 336), mais elle ne lui semble heureuse qu'à cause des vertus des hommes ; et l'on a vu dans *Corinne*, qu'en l'espace de sept ans son jugement sur la femme anglaise uniquement dévouée aux vertus domestiques a évolué — encore ne doit-on pas simplifier à l'excès les conclusions que l'on peut tirer de ce roman.

Ces pages nous intéressent aussi en ce qu'elles contiennent déjà des schémas romanesques qui seront explicités dans les deux romans ultérieurs. « L'aspect de la malveillance fait trembler les femmes, quelque distinguées qu'elles soient. Courageuses dans le malheur, elles sont timides contre l'inimitié ; la pensée les exalte, mais leur caractère reste faible et sensible. » (*De la littérature*, GF, p. 341) Ou encore, à propos de l'isolement de la femme dont le talent est supérieur : Mme de Staël la montre en butte à l'injustice des hommes, mais aussi des autres femmes. « N'excitent-elles pas en secret la malveillance des hommes ? Font-elles jamais alliance avec une femme célèbre pour la soutenir, pour la défendre, pour appuyer ses pas chancelants ? » (*ibid.*, p. 341) On croit voir surgir les images de Mme de Vernon ou de lady Edgermond, funestes à Delphine et à Corinne.

Une sociologie scientifique de la littérature

Le livre de Mme de Staël n'ouvre pas seulement des voies à la littérature romantique, elle pose aussi les principes de l'histoire littéraire naissante, et de la sociologie de la littérature. L'histoire littéraire en effet, même si on peut en voir l'origine chez plusieurs philosophes des Lumières, ainsi chez Voltaire, n'en est encore qu'à ses premiers balbutiements. Comme pour le développement de l'Histoire, la coupure révolutionnaire a eu un rôle déterminant : il fallait que le passé soit aboli, pour que son étude puisse prendre tout le recul nécessaire. On ne peut guère donner une date à la naissance de l'histoire littéraire ; le rôle des cours de l'École Normale fondée par la Révolution et qui charge La Harpe de cet enseignement, le rôle des Idéologues et enfin du groupe de Coppet ont été déterminants. Bien des points communs que nous avons signalés entre Stendhal et Mme de Staël s'expliquent aussi bien par une influence directe que par cet apport commun de l'Idéologie. Napoléon le sent-il, lui qui englobe dans la même réprobation Mme de Staël et les Idéologues ? Il élimine du Tribunat dès janvier 1802, et en même temps que Constant, Daunou, Ginguené qui représentent bien ce courant de pensée. Les Idéologues, comme Mme de Staël, lui sont intolérables par leur fidélité à la philosophie des Lumières et par leur défense de la Liberté.

Appliquer à ce que nous appelons les sciences humaines, la rigueur d'analyse des sciences dites dures, fut aussi une des ambitions des Idéologues. Le chapitre VI de la deuxième partie propose de se servir de la statistique dans le domaine de la politique, reprenant en cela *De l'influence des passions* (cf. *supra*). La moyenne des divorces sur dix années à Berne est constante ; on peut savoir combien d'assassinats se commettront à Rome dans une année. « S'il en est ainsi, n'est-il donc pas possible de prouver que les combinaisons de l'ordre moral sont aussi régulières que les combinaisons de l'ordre physique, et de fonder des calculs positifs d'après ces combinaisons ? » (*De la littérature*, GF, p. 368) Poussant encore plus loin son raisonnement Mme de Staël ajoute : « Pourquoi ne parviendrait-on pas à dresser des tables qui contiendraient la solution de toutes les questions politiques, d'après les connaissances de statistique, d'après les faits positifs que l'on recueillerait dans chaque pays ? » (*ibid.*, p. 368) « C'est une science à créer que la politique. » (*ibid.*, p. 369) « Les sciences morales ne sont susceptibles que du calcul des probabilités, et ce calcul ne peut se fonder que sur un très grand nombre de faits, desquels vous pouvez extraire un résultat approximatif. La science politique s'appliquant toujours aux hommes réunis en nation, les probabilités, dans cette science, peuvent équivaloir à une certitude, vu la multiplicité des chances dont elles sont tirées ; et les institutions que vous établissez d'après ces bases, s'appliquant elles-mêmes aussi au bonheur de la multitude, ne peuvent manquer leur objet. » (*ibid.*, p. 376) Mme de Staël ne pousse pas cependant ce raisonnement aussi loin qu'elle aurait pu le faire dans la mesure où, dans ce chapitre, elle s'arrête surtout aux questions de politique, et assez peu à la littérature. Elle a senti, en effet, en écrivain, combien l'invention littéraire est difficile à codifier, plus encore que l'organisation politique.

Un hymne à la gloire de la littérature

Dans ce livre si riche en aperçus de tout genre sur le passé et sur le présent, sur le futur même, ce qui frappe avant tout c'est une passion de la littérature et de la liberté, ces deux passions n'en faisant finalement qu'une. « Les progrès de la littérature, c'est-à-dire, le perfectionnement de l'art de penser et de s'exprimer, sont nécessaires à l'établissement et à la conservation de la liberté. » (*ibid.*, p. 76) Liée en profondeur à la liberté politique, la littérature est aussi par elle-même liberté parce qu'elle fait la part belle à l'irrationnel, au rêve, à l'imagination. Entonnant l'éloge de la littérature anglaise, Mme de Staël lance cette béatitude : « Heureux le pays où les écrivains sont tristes, où les commerçants sont satisfaits, les riches mélancoliques, et les hommes du peuple contents. » (*ibid.*, p. 242) Le lien entre le politique et la littérature est donc complexe. « On se demande pourquoi les Anglais qui sont heureux par leur gouvernement et par leurs mœurs, ont une imagination beaucoup plus mélancolique que ne l'était celle des Français ? C'est que la liberté et la vertu, ces deux grands résultats de la raison humaine, exigent la méditation : et la méditation conduit nécessairement à des objets sérieux. » (*ibid.*, p. 241) Les peuples du nord que Mme de Staël affectionne possèdent une « disposition à la mélancolie », un « penchant pour les images sombres », une « occupation continuelle et profonde du souvenir et de la destinée des morts » (*ibid.*, p. 167). Changer en quelque sorte la géographie littéraire, en mettant comme le fait Mme de Staël, l'accent sur les littératures du nord, c'est aussi affirmer comme des valeurs essentielles de la création littéraire, la mélancolie, la nostalgie.

Réception et influence

De la littérature a eu une influence capitale sur le développement du romantisme en France et dans l'Europe. Certes les critiques ne manquèrent pas ; et elles ne venaient pas toutes des suppôts de Napoléon ou d'un classicisme rétrograde. Humboldt, par exemple, souligne bien la difficulté de l'entreprise de Mme de Staël, lorsqu'elle fonde la littérature comparée, difficulté qu'éprouvent toujours nos comparatistes modernes : « Pour apprécier l'état de la littérature entière dans tous les pays et dans tous les temps il lui [à Mme de Staël] manque naturellement à la fois la philosophie et l'érudition. Elle n'a pas une notion claire de ce à quoi l'homme doit arriver, et considère toutes les littératures de son point de vue de Française. » (cité par S. Balayé, *Mme de Staël. Lumières et liberté, op. cit.*, p. 84) Mais Humboldt qui écrivit à Mme de Staël une longue lettre sur *De la littérature*, le 22 juin 1800, pressent à quel point elle serait capable de comprendre la littérature allemande si elle la connaissait mieux (cf. S. Balayé, *ibid.*, p. 86 et note 61). Il se fait aussi l'écho auprès d'elle des jugements de Schiller qui tempèrent fortement ses propres critiques : « Il a observé que vous sortez entièrement dans cet ouvrage du cercle étroit de la plupart des littérateurs français, que vous n'établissez vos jugements que sur des principes premiers et indépendants et que vous ne mettez point le mérite d'un ouvrage dans sa convenance avec quelques règles arbitrairement établies, mais surtout dans la force qu'il a de remplir l'âme du lecteur et de l'élever au-dessus de lui-même après s'en être rendu maître. » (*ibid.*, p. 86)

En France Fauriel donne dans *La Décade* — journal des Idéologues — un compte rendu élogieux (mai 1800). Mais Fontanes (juin-juillet 1800) dans *Le Mercure de France* est fort critique : « réquisitoire politico-littéraire » jugent avec raison G. Gengembre et J. Goldzink (*De la littérature*, GF, p. 44). Fontanes s'attaque au principe de perfectibilité, trouve que Mme de Staël n'a pas fait assez place à la religion. Au fond il lui reproche de ne pas avoir écrit le *Génie du christianisme* que son ami Chateaubriand est en train de composer et auquel cet article prépare d'une certaine façon le public.

Si elle avait en quelque sorte fondé l'histoire littéraire, en même temps que la littérature comparée, Mme de Staël fut encore plus victime de la première que de la seconde. Certes Humboldt, nous l'avons vu, lui reprochait des connaissances limitées en littérature comparée, mais l'histoire littéraire lui fut encore plus funeste, en la classant dans cette catégorie si contestable du « préromantisme », en faisant d'elle l'annonciatrice de la littérature de 1830, et encore une annonciatrice moins géniale que son contemporain Chateaubriand. Deux travers d'une certaine forme d'histoire littéraire ont contribué à ternir son image et à dissimuler son originalité. D'une part établir des grandes périodes, voir dans chacune d'elle l'annonciatrice de la suivante ; d'autre part, à l'intérieur même de ces grandes périodes chronologiques, établir une hiérarchie : premier prix Chateaubriand ; Mme de Staël ne peut venir qu'en second rang. Or l'idéologie politique joue son rôle dans ces hiérarchies. La critique littéraire se développe sous l'Empire et sous la Restauration, puis sous la monarchie de Juillet : dans un tel contexte, mieux vaut donner la priorité au romantisme catholique dont Chateaubriand devient le symbole, non sans quelque gauchissement (ainsi la mise dans l'ombre de l'*Essai sur les Révolutions*), qu'au romantisme libéral que représentent Mme de Staël ou Stendhal et que le pouvoir préfère cantonner dans la marginalité.

Heureusement les manuels d'autrefois n'ont pas été tout-puissants à imposer des hiérarchies. Même si leur influence est grande auprès du public qui les subit dès l'enfance, les créateurs, eux, en général s'en soucient peu. *De la littérature* a donc constitué un levain pour bien des artistes et des écrivains capables d'admirer ce texte en lui-même, de sentir ses audaces, de voir en lui un formidable incitateur à l'énergie et à l'enthousiasme. Les travaux modernes ont redonné à Mme de Staël la place qu'elle mérite.

De l'Allemagne

Élaboration de l'œuvre

Avant même d'entreprendre ses voyages en Allemagne, Mme de Staël avait eu diverses occasions de prendre connaissance de la culture allemande. On a vu que *De la littérature* comportait un chapitre sur la littérature allemande qui, même s'il contenait des lacunes et des erreurs, témoignait déjà d'un grand intérêt pour ce domaine. Dès 1794, Mme de Staël avait rencontré Benjamin Constant avec qui la lia une longue et orageuse passion. Or Benjamin Constant avait fréquenté les universités allemandes et venait de la cour de Brunswick. En 1808, il travaillera auprès d'elle à la traduction de *Walstein* de Schiller. D'autre part, les pays germaniques avaient été des lieux d'émigration, et à mesure que les émigrés regagnaient la France, ils rapportaient avec eux des témoignages des lieux où ils avaient vécu. Plusieurs amis de Mme de Staël vont lui fournir des éléments d'information sur la culture allemande. « Narbonne a pensé traduire le *Don Carlos* de Schiller, ce que fera Lezay-Marnésia à Coppet. Camille Jordan traduira les odes de Klopstock, Gérando s'intéressera à la philosophie allemande. » (S. Balayé, Introduction de *De l'Allemagne*, GF, 1968, p. 18) Nous avons déjà signalé les contacts de Mme de Staël avec le groupe des Idéologues. Or ceux-ci furent les grands initiateurs des littératures étrangères en France.

Les Allemands, de leur côté, sont attentifs aux œuvres de Mme de Staël : nous l'avons vu pour *De la littérature*. L'*Essai sur les fictions* a été traduit par Goethe et publié par Schiller. Ils se sont également intéressés à *De l'influence des passions*. En 1799, Mme de Staël entreprend d'étudier la langue allemande. Le diplomate suédois Brinckmann l'aidera aussi dans cet apprentissage. Par Jacobi, elle entre en relation avec Charles de Villers, émigré qui joua un rôle capital dans les transferts culturels entre l'Allemagne et la France. Elle lui écrit en août 1802 : « Je crois avec vous que l'esprit humain qui semble voyager d'un pays à l'autre est à présent en Allemagne. J'étudie l'allemand avec soin, sûre que c'est là seulement que je trouverai des pensées nouvelles et des sentiments profonds. » (Mme de Staël, Ch. de Villers, B. Constant, *Correspondance*, p. 21) La préface de *Delphine* en 1802 développe une idée semblable.

Chassée de Paris par les persécutions de Napoléon, Mme de Staël va mettre à profit ce quasi-exil, pour connaître sur place ce pays qui l'attire tant. En octobre 1803, elle part pour l'Allemagne, en compagnie de Benjamin Constant. Ils restent près de deux semaines à Metz où ils sympathisent avec Villers. Mme de Staël fait un long séjour à Weimar (13 décembre 1803-1er mars 1804) ; elle fréquente la cour et les théâtres ; elle rencontre Goethe, Schiller, Wieland. Puis elle séjourne plus d'un mois à Berlin ; elle y lie amitié avec Schlegel qu'elle décide à venir à Coppet comme précepteur de ses enfants. L'annonce de la mort de son père met fin provisoirement à ce périple. Le voyage en Italie, la rédaction de *Corinne*, s'ils marquent une pose dans les études germaniques de Mme de Staël, ne constituent pas cependant une coupure totale, puisqu'elle voyage en Italie avec Schlegel et que l'Italie a été une terre de prédilection pour maints allemands ; Goethe l'a chantée de façon inoubliable.

En décembre 1807 Mme de Staël entreprend un deuxième voyage dans les pays germaniques, en compagnie de Schlegel. Elle arrive à Vienne les derniers jours de l'année. L'hiver 1808, la vie mondaine y est brillante et Mme de Staël y participe avec plaisir. Elle retrouve dans le prince de Ligne la parfaite image d'un XVIIIe siècle aboli. Elle va ensuite à Munich où elle rencontre Schelling, à Dresde et à Weimar ravagé par la guerre. Puis elle revient à Coppet : cette maison dont elle sut faire un haut lieu de la culture européenne est particulièrement accueillante aux intellectuels allemands, et ce n'est pas le moindre sujet de l'ire de Napoléon.

Divers états du texte

Pendant ces voyages, Mme de Staël prend des notes, tient un journal publié par S. Balayé, *Les Carnets de voyage de Mme de Staël*, p. 21 sq. Tôt, dès sa rencontre avec Villers à Metz (fin octobre, début novembre 1803), elle songe à rédiger des « Lettres sur l'Allemagne » : c'est la forme traditionnelle des voyages au XVIIIe siècle, les *Lettres d'Italie* du Président de Brosses demeurant un modèle. Encore le 8 juillet 1808, elle écrit au prince de Ligne : « J'ai déjà fait coudre un cahier pour mes lettres sur l'Allemagne. » Cependant en janvier 1804, elle parlait à Jacobi d'un projet de « voyage littéraire et philosophique », peut-être dans le sillage du *Voyage en France* de Young. Dans une lettre à Hochet du 3 février 1804 et dans une lettre à De Gerando du 26 février 1804, elle se propose de donner une anthologie de la littérature allemande, ainsi qu'une « analyse claire » des « nouveaux systèmes de philosophie et d'esthétique » qui nous viennent d'Allemagne (cf. S. Balayé, Introduction de *De l'Allemagne*, GF, p. 20). « Lettres », « voyage », « anthologie » précédée d'une analyse : on voit que Mme de Staël hésite entre plusieurs formules dont la version définitive conservera la trace et qui donnent à cette œuvre toute sa richesse. La présence d'un destinataire, si elle n'obéit plus à la fiction épistolaire, est cependant sensible, dans la mesure où Mme de Staël entend bien convaincre un lecteur français d'abandonner ses préjugés et cherche à remédier à son ignorance avec toutes les ressources d'une rhétorique qui est fondamentalement art de convaincre. Comme dans le style épistolaire, elle a su conserver l'accent d'une voix. Elle relate aussi à plusieurs reprises les anecdotes qui ont ponctué son itinéraire, enfin elle donne de larges extraits d'œuvres allemandes en traduction.

À Londres, en octobre 1813, Mme de Staël écrit une préface où elle relate les persécutions dont son œuvre et elle-même ont été les victimes. « En 1810 je donnai le manuscrit de cet ouvrage sur l'Allemagne au libraire qui avait imprimé *Corinne*. Comme j'y manifestais les mêmes opinions et que je gardais le même silence sur le gouvernement actuel des Français que dans mes écrits précédents, je me flattai qu'il me serait aussi permis de le publier. » (*De l'Allemagne*, GF, p. 37) Mme de Staël s'installe alors à quarante lieues de Paris, à Chaumont-sur-Loire, pour corriger les épreuves. Le ministre de la police, Savary, duc de Rovigo, ordonne de détruire les dix mille exemplaires de ce livre qui venaient d'être tirés. Mme de Staël reçoit l'ordre de remettre son manuscrit à la police et de quitter la France dans les vingt-quatre heures. Le duc de Rovigo lui donne un délai d'une semaine, dans une lettre où il affirme « Votre livre n'est point français. » et où il lui indique les ports par lesquels elle est autorisée à s'embarquer pour les États-Unis. Mme de Staël part pour Coppet. « Elle emportait dans ses bagages un sinon deux jeux d'épreuves et le troisième manuscrit. On n'osa pas la fouiller. Un jeu d'épreuves devait être un peu plus tard mis en sûreté à Vienne, chez Frédéric Schlegel. Elle en emportera un avec elle dans sa fuite à travers l'Europe vers l'Angleterre par la Russie et la Suède. » (S. Balayé, Introduction de *De l'Allemagne*, p. 30) Le livre sera publié finalement à Londres en juillet 1813 et à Paris en 1814. Comme le note S. Balayé, « terminé en 1810 sur une documentation légèrement antérieure, [il] aura, lors de sa publication reculée jusqu'en 1813, à Londres, et 1814, à Paris, quelques années de retard sur l'actualité allemande » (*Mme de Staël. Lumières et liberté, op. cit.*, p. 161). La faute en est à la police napoléonienne plus qu'à Mme de Staël.

Les éditions Hachette (1958) et GF (1968) reprennent comme texte de base celui des *Œuvres complètes* de 1820 (chez Treuttel et Würtz) qui reproduisent pour *De l'Allemagne* les éditions de Londres 1813 (chez Murray) et Paris 1814 (chez Nicolle), mais non le texte pilonné de 1810. De cette édition de 1810, on aura une idée en se reportant aux variantes de l'édition Hachette par Mme de Pange et S. Balayé.

Les manuscrits successifs dont tient compte cette édition sont extrêmement instructifs et montrent l'étendue du travail de Mme de Staël. Le deuxième manuscrit est assez différent du premier. Ce deuxième manuscrit n'est pas le fait d'un copiste, il est de la main de Mme de Staël, c'est le troisième manuscrit qui est une copie ; il y a eu jusqu'à quatre manuscrits pour certains passages. « Trois manuscrits semblent avoir été conservés dans leur totalité. Ils ont été rédigés entre août 1808 et le printemps ou l'été 1810, le deuxième étant probablement commencé le 12 mai 1809, date portée en tête de ce manuscrit. Il s'y ajoute trois jeux d'épreuves dont un seul a été utilisé pour l'édition. Les notes de travail ont disparu. » (S. Balayé, « Les manuscrits de Mme de Staël » in *Sortir de la Révolution, op. cit.*, p. 107)

Ces manuscrits prouvent aussi à quel point elle a pu évoluer pendant cette période de gestation. Ainsi à propos du goût et de Shakespeare. Elle émet d'abord des propos très classiques sur l'universalité du goût, tandis que dans la version définitive, comparant le goût à « l'ordre sous le despotisme », elle écrit : « Il importe d'examiner à quel prix on l'achète. Il faut en littérature tout le goût conciliable avec le génie. » Ce qui importe « c'est l'intérêt, le mouvement, l'émotion, dont le goût à lui seul est souvent l'ennemi » (cf. S. Balayé, *Mme de Staël. Lumières et liberté, op. cit.*, p. 166-167).

Plan de *De l'Allemagne*

L'ouvrage est divisé en quatre parties. La première partie présente un tableau « De l'Allemagne et des mœurs des Allemands », avec vingt chapitres qui distinguent l'Allemagne méridionale et l'Autriche de l'Allemagne du nord (Saxe, Weimar, Prusse, Berlin) ; elle aborde diverses questions : « De la société » (chap. VIII), « Des universités allemandes » (chap. XVIII) et se termine par l'évocation de la « Fête d'Interlaken ».

La deuxième partie, la plus volumineuse, la meilleure, pense Ch. de Villers, est consacrée à « La littérature et les arts ». Dans un premier chapitre Mme de Staël pose la question : « Pourquoi les Français ne rendent-ils pas justice à la littérature allemande ? », tandis que l'Angleterre fait preuve de plus d'ouverture (chap. II). Elle distingue les « principales époques de la littérature allemande » (chap. III), consacre un chapitre à Wieland, un à Klopstock, un à Lessing et à Winckelmann, un à Goethe, un à Schiller (chap. IV à VIII), puis aborde des questions plus générales : du style, de la poésie, du goût, de l'art dramatique (chap. IX à XV). Le chapitre XVI traite des drames de Lessing ; les chapitres XVII à XX d'œuvres de Schiller : chap. XVII *Les Brigands* et *Don Carlos* ; chap. XVIII *Walstein* et *Marie Stuart* ; chap. XIX *Jeanne d'Arc* et *La Fiancée de Messine* ; chap. XX *Guillaume Tell*. Les chapitres XXI à XXIII s'attaquent à l'œuvre dramatique de Goethe : chap. XXI, *Goetz de Berlichingen* et *le Comte d'Egmont* ; chap. XXII, *Iphigénie en Tauride, Torquato Tasso* ; chap. XXIII, *Faust*. Le chapitre XXIV est consacré à plusieurs pièces de Werner. Les chapitres XXV, XXVI et XXVII traitent encore du théâtre ; le chapitre XXVIII des romans, le chapitre XXIX des historiens, le chapitre XXX de Herder, le chapitre XXXI de la critique et de Schlegel, le chapitre XXXII « Des beaux-arts en Allemagne ».

La troisième partie aborde la philosophie et la morale avec un chapitre sur Kant (chap. VI) sur les philosophes avant et après lui (chap. VII) ; un groupe de chapitres est consacré à l'influence de la « nouvelle philosophie allemande » sur le développement de l'esprit, la littérature et les arts, les sciences, le caractère des Allemands (chap. IX à XI). Les chapitres XII à XV traitent de la morale ; le chapitre XVI de Jacobi, le chapitre XVII de Woldemar ; le chapitre XVIII « De la disposition romanesque dans les affections du cœur » ; le chapitre XIX « De l'amour dans le mariage » ; le chapitre XX « Des écrivains moralistes de l'ancienne école en Allemagne » ; le chapitre XXI « De l'ignorance et de la frivolité d'esprit dans leurs rapports avec la morale ».

La quatrième partie est intitulée « La religion et l'enthousiasme ». Après un chapitre d'introduction générale, Mme de Staël traite successivement du protestantisme, des « frères moraves », du catholicisme, de la « mysticité », de la douleur, de la théosophie, « De l'esprit de secte », « De la contemplation de la nature » (chap. IX), « De l'enthousiasme » (chap. X), « De l'influence de l'enthousiasme sur les lumières » (chap. XI), de l'« Influence de l'enthousiasme sur le bonheur » (chap. XII).

Le simple examen de ce plan donne une idée de l'ampleur de vues de Mme de Staël, et aussi de la solidité d'une architecture très équilibrée qui allie avec bonheur les analyses strictement consacrées à l'Allemagne et ce qui pourrait apparaître comme des digressions par rapport au sujet central, mais en fait s'y rattache étroitement. Impressions personnelles et analyses se marient admirablement grâce à un style qui sait être rigoureux sans pourtant s'interdire des élans d'enthousiasme. La souplesse du plan est une nécessité : « Ces divers sujets se mêlent nécessairement les uns avec les autres. Le caractère national influe sur la littérature, la littérature et la philosophie sur la religion ; et l'ensemble peut faire connaître en entier chaque partie ; mais il fallait cependant se soumettre à une division apparente pour rassembler à la fin tous les rayons dans le même foyer. » (*De l'Allemagne*, GF, t. I, p. 47)

Le travail de traduction

De l'Allemagne a permis au public français de connaître en traduction des textes qu'il n'avait pas pu lire jusque-là. On a pu contester ses choix et l'exactitude de ses traductions. On s'est interrogé aussi sur ce qui, dans ce travail de traduction, revenait bien à Mme de Staël et sur ce qui revenait à des collaborateurs ; toute une équipe de germanistes travaille autour d'elle à Coppet. Enfin on n'a pas manqué de rappeler qu'elle n'était pas la première à traduire des textes allemands. Une collection de textes de théâtre allemand, par Bonneville (1782), paraît alors en France. *Les Brigands* de Schiller avaient été traduits en 1785 par La Martelière qui les transforma en mélodrame : *Robert, chef des brigands* (1792). Entre 1750 et 1789, le théâtre allemand avait déjà pénétré en France, encore timidement il est vrai (cf. R. Lelièvre, in *R.L.C.*, avril-juin 1974). Il existe aussi des fragments de romans allemands traduits en français avant la Révolution (cf. A. Martin, *R.L.C.*, avril-juin 1970). Claude Pichois, en analysant

L'Image de Jean-Paul Richter dans les lettres françaises (Corti, 1963), a eu l'occasion de rappeler que des éléments de culture allemande pénètrent en France avant *De l'Allemagne*. L'intérêt du public français s'éveille à l'Allemagne dès la fin du XVIIIe siècle.

On serait mal venu de reprocher à Mme de Staël l'inexactitude de ses traductions, quand on les compare aux habitudes de son époque où les traductions sont le plus souvent des adaptations faites en fonction de ce qu'est le goût du public. Replacées dans ce contexte, les traductions de Mme de Staël apparaissent comme beaucoup plus fidèles. En tout cas, elles eurent une influence décisive. Le succès du livre, le rayonnement de Mme de Staël font d'elle la grande introductrice de l'Allemagne dans la France du début du XIXe siècle. Les romantiques, ainsi Nerval, lui seront encore fort redevables.

Le titre de l'ouvrage

Intituler son essai *De l'Allemagne*, c'est déjà supposer une unité qui n'existe pas encore entre divers États de langue germanique. En 1806, Napoléon a remplacé le Saint Empire par une Confédération qui exclut la Prusse : elle devient le leader du nationalisme allemand. D'autre part, François II de Habsbourg, battu deux fois par Bonaparte (1797, 1800) réunit ses états sous le nom d'empire d'Autriche, et conserve jusqu'en 1806 le titre d'empereur romain germanique. Ce n'est qu'au traité de Vienne (1814), donc après la parution de l'ouvrage de Mme de Staël, que les territoires conquis par Napoléon seront rendus à l'Autriche qui domine l'Italie du nord et préside à la Confédération germanique. On ne doit donc pas oublier cette évidence : Mme de Staël traitant de l'Allemagne, comme lorsqu'elle traite de l'Italie, parle de pays qui n'ont pas encore fait leur unité et dont les guerres napoléoniennes ont bouleversé la géographie politique, tout en suscitant un nationalisme récent, donc de pays en pleine mutation. Mme de Staël est consciente de l'instabilité même de la matière de son livre. Dans la préface de 1813, marquant un recul par rapport à son texte rédigé antérieurement, elle écrit : « J'ai dit dans mon ouvrage que les Allemands *n'étaient pas une nation* ; et certes ils donnent au monde maintenant d'héroïques démentis à cette crainte. » (*De l'Allemagne*, GF, t. I, p. 42)

À cette situation historique, il faut ajouter l'extrême attention de Mme de Staël à l'antithèse nord/sud sur laquelle est bâtie sa réflexion sur les peuples et même son système romanesque. On aura remarqué dans le plan de l'ouvrage, en particulier dans la première partie, combien elle est soucieuse de distinguer « l'Allemagne méridionale » de « l'Allemagne du Nord ». La vraie Allemagne, pour Mme de Staël est essentiellement nordique. « Beaucoup d'hommes de génie sont nés dans le midi, mais ils se sont formés dans le nord. » (*ibid.*, p. 75)

Une image mythique ?

Malgré cette situation dont la complexité ne lui échappe pas, Mme de Staël dégage des caractères généraux de l'Allemagne, cette unité étant en grande partie renforcée par le parallèle avec la France. C'est dire qu'au moment où Napoléon, à son insu, prépare par les armes l'unité de l'Allemagne contre la France, Mme de Staël, par son goût des parallèles et des antithèses, fabrique elle aussi une unité allemande dans l'ordre de la poésie et de la pensée, de l'« âme », si l'on peut se permettre ce mot un peu vague, mais qui convient bien à un contenu assez flou. D'ailleurs, à la recherche de l'âme allemande, elle transcende volontiers les frontières, et donne comme un exemple de fête typiquement allemande, la fête d'Interlaken qui se situe en Suisse, mais dans la Suisse allemande.

Quelles sont les caractéristiques de l'Allemagne pour Mme de Staël ? Un fort lien avec la nature et avec le peuple et les traditions populaires, la prédominance du sentiment et de l'enthousiasme sur la froide raison. Les Français n'aiment pas le mystère et préfèrent « les grâces de l'esprit », quitte à être superficiels. « Les Allemands, par un défaut opposé, se plaisent dans les ténèbres ; souvent ils remettent dans la nuit ce qui était au jour, plutôt que de suivre la route battue ; ils ont un tel dégoût pour les idées communes que, quand ils se trouvent dans la nécessité de les retracer, ils les environnent d'une métaphysique abstraite qui peut les faire croire nouvelles jusqu'à ce qu'on les ait reconnues. » (*De l'Allemagne*, GF, t. I, p. 161) On voit que c'est là un éloge ambigu, né de la difficulté que Mme de Staël, comme beaucoup de Français, a eu à pénétrer la philosophie allemande. Si forte soit sa sympathie, c'est une Française qui parle.

Sur la question de la nature, du peuple et du sentiment, elle est plus entièrement positive et consacre une belle page à Novalis : « Parmi les œuvres de Novalis on distingue des hymnes à la nuit qui peignent avec une grande force le recueillement qu'elle fait naître dans l'âme. L'éclat du jour peut convenir à la joyeuse doctrine du paganisme ; mais le ciel étoilé paraît le véritable temple du culte le plus pur. » (*ibid.*, t. II, p. 293)

Tandis que les Français et les Italiens ont été fortement marqués par la littérature gréco-romaine, et par les Anciens, les Allemands sont restés plus fidèles à l'inspiration médiévale : « Leur imagination se plaît dans les vieilles tours, dans les créneaux, au milieu des guerriers, des sorcières et des revenants ; et les mystères d'une nature rêveuse et solitaire forment le principal charme de leurs poésies. » (*ibid.*, t. I, p. 46) Certes, les Allemands ne sont pas les seuls à représenter l'âme germanique et Mme de Staël n'a garde d'oublier l'Angleterre. Cependant elle établit une sorte de palette à la façon d'un peintre marquant la gamme des couleurs. Pour elle, l'Allemagne représenterait la couleur germanique à sa plus forte intensité, tandis que la France, elle, figurerait, pour le meilleur et pour le pire, l'extrême du rationalisme et du classicisme des littératures du midi. « On pourrait dire avec raison que les Français et les Allemands sont aux deux extrémités de la chaîne morale, puisque les uns considèrent les objets extérieurs comme le mobile de toutes les idées, et les autres, les idées comme le mobile de toutes les impressions. » Il n'est point de nations « plus opposées dans leur système littéraire et philosophique » (*De l'Allemagne*, GF, t. I, p. 46-47).

Un livre anti-français ?

« Votre livre n'est pas français », lui écrivait le duc de Rovigo (cf. *supra*). Ce qui, dans le contexte des guerres napoléoniennes, apparaît à la censure comme un grief majeur, nous semblerait plutôt un éloge si l'on entend par là l'effort fait par Mme de Staël pour abandonner les préjugés français, essayer de comprendre cet univers radicalement autre que représente alors pour elle l'Allemagne. Mais elle demeure de culture française et c'est justement parce que dans son discours critique se fait sentir une certaine distance entre le sujet et l'objet que ce livre est plein d'intérêt, plus riche peut-être que s'il avait été écrit par un Allemand.

Il est bien vrai aussi que ce tableau de l'Allemagne est l'occasion pour Mme de Staël de brosser un tableau sévère de la France ; elle avertit le lecteur dans les Observations générales : « Je ne me dissimule point que je vais exposer, en littérature comme en philosophie, des opinions étrangères à celles qui règnent en France ; mais soit qu'elles paraissent justes ou non, soit qu'on les adopte ou qu'on les combatte, elles donnent toujours à penser. "Car nous ne sommes pas, j'imagine, à vouloir élever autour de la France littéraire la grande muraille de la Chine, pour empêcher les idées du dehors d'y pénétrer". » Comme l'indique la note de Mme de Staël, les censeurs avaient exigé la suppression de la phrase qu'elle met entre guillemets (*ibid.*, t. I, p. 47 et note 1). Ce que Mme de Staël reproche à la France ? L'absence de liberté d'expression, en premier lieu, mais aussi l'attachement à une esthétique désuète, les deux phénomènes se conjuguent facilement. Le néo-classicisme qu'affichent alors maints critiques et écrivains représente un retour à l'ordre politique et littéraire du pouvoir absolu.

« J'ai [...] cru qu'il pouvait y avoir quelques avantages à faire connaître le pays de l'Europe où l'étude et la méditation ont été portées si loin qu'on peut le considérer comme la patrie de la pensée » (*ibid.*, p. 47), écrit-elle quelques lignes plus haut, ce qui constitue évidemment l'éloge suprême, et qui doit être compris par rapport à une philosophie de l'esprit qu'élabore Mme de Staël : l'esprit souffle où il veut ? Pas tout à fait ; suivant les périodes, suivant l'état de la civilisation et des mœurs, le degré de liberté dont disposent les peuples, l'esprit humain dans sa plus haute intensité se situe dans telle ou telle partie du monde ; de la France, il s'est déplacé vers l'Allemagne en ce début du XIXe siècle, pense Mme de Staël.

Pour qui le lit cependant de nos jours, *De l'Allemagne* semble bien aussi contenir une critique de l'Allemagne et un éloge de certains aspects de la culture française. Les mœurs allemandes ne sont pas aussi idylliques que pourrait le faire croire une lecture superficielle du livre de Mme de Staël : « Les poêles, la bière et la fumée de tabac forment autour des gens du peuple en Allemagne une sorte d'atmosphère lourde et chaude dont ils n'aiment pas sortir. » La gaieté allemande lui semble pesante, le théâtre comique que l'on trouve surtout dans le sud est fait de farces grossières. Les clichés négatifs de l'Allemand — lourdeur, lenteur de l'esprit — viennent aussi de ce livre.

La représentation de la France est loin d'être totalement négative. Mme de Staël se montre surtout sévère pour la France napoléonienne et pour certains aspects de la France d'Ancien Régime ; mais elle voit aussi les avantages que présentait ce qu'elle appelle « l'Ancienne France » : certes, l'opinion y était une tyrannie, elle l'a bien montré dans *Delphine*, mais « L'ancienne France a dû tout son éclat à cette puissance de l'opinion publique, dont l'ascendant des femmes était la cause. » (*De l'Allemagne*, GF, t. I, p. 135) « Le grand charme de la vie sociale, en France, consiste dans l'art de concilier parfaitement ensemble les avantages que l'esprit des femmes et celui des hommes réunis peuvent apporter dans la conversation. » (*ibid.*, p. 134) Le chapitre XI de la première partie intitulé « De l'esprit de conversation » fait la part belle aux Français : « Les Français sont les plus habiles diplomates de l'Europe. » (*ibid.*, p. 105) Ce chapitre constitue un éloge du pays où cet art que Mme de Staël pratiquait excellemment peut avoir un champ d'exercice incomparable grâce à la vie mondaine. Grâce à Paris aussi. « En France on ne s'intéresse qu'à Paris, et l'on a raison, car c'est toute la France. » (*ibid.*, p. 120) L'antithèse de la France centralisée et de l'Allemagne multiple peut aboutir soit à l'éloge de la diversité allemande, soit à l'apologie de la capitale, et les deux aspects de la question sont bien sentis par Mme de Staël. « Comme il n'existe point de capitale où se rassemble la bonne compagnie de toute l'Allemagne, l'esprit de société y exerce peu de pouvoir. » (*ibid.*, p. 55) Sont bien sentis également le pour et le contre de la suprématie de la conversation, dans cette formule qui ne manque pas d'humour : « En France, on ne lit guère un ouvrage que pour en parler ; en Allemagne, où l'on vit presque seul, l'on veut que l'ouvrage même tienne compagnie. » (*ibid.*, p. 160)

Ce n'est pas en imitant la France que l'Allemagne peut conquérir sa véritable identité et affirmer sa grandeur. « Depuis le règne de Louis XIV, toute la bonne compagnie du continent, l'Espagne et l'Italie exceptées, a mis son amour propre dans l'imitation des Français. » (*ibid.*, p. 93) Cette suprématie de la France dans l'Europe des Lumières a freiné l'éclosion des littératures nationales. Mme de Staël critique l'attitude de Frédéric II : « l'opinion défavorable que ce grand monarque avait conçue dans sa jeunesse contre la littérature de son pays ne s'effaça pas […] Klopstock a noblement reproché à Frédéric de négliger les muses allemandes, qui, à son insu, s'essayaient à proclamer sa gloire. Frédéric n'a pas du tout deviné ce que sont les Allemands en littérature et en philosophie. » (*ibid.*, p. 131)

Les Français doivent-ils imiter les Allemands ? La réversibilité ne présente pas les mêmes dangers. Tandis que la littérature allemande naissante risquait d'être étouffée par l'usage de la langue française et le modèle trop contraignant des auteurs français, Mme de Staël n'imagine pas que la littérature française puisse être menacée par des influences étrangères. Loin de là, possédant une forte et ancienne identité, elle ne pourra que s'enrichir au contact de l'extérieur. L'Allemagne peut aider la littérature française à trouver de nouvelles voies, ou plutôt à se trouver car « Jean-Jacques Rousseau, Bernardin de Saint-Pierre, Chateaubriand, etc. dans quelques-uns de leurs ouvrages, sont tous, même à leur insu, de l'école germanique, c'est-à-dire qu'ils ne puisent leur talent que dans le fond de leur âme. » (*De l'Allemagne*, GF, t. I, p. 162)

Un modèle éducatif. Les universités allemandes

Si la littérature a la part belle dans cet ouvrage, son ambition est de faire connaître l'ensemble de la civilisation allemande, et Mme de Staël aborde longuement les problèmes pédagogiques. « L'étude des langues, qui fait la base de l'instruction en Allemagne, est beaucoup plus favorable aux progrès des facultés dans l'enfance, que celle des mathématiques » (*ibid.*, p. 139), car « les mots sont à la fois des chiffres et des images » (*ibid.*, p. 142). « La logique grammaticale est aussi précise que celle de l'algèbre, et cependant elle s'applique à tout ce qu'il y a de vivant dans notre esprit [...] Les langues sont inépuisables pour l'enfant comme pour l'homme, et chacun en peut tirer tout ce dont il a besoin. » (*ibid.*, p. 142)

Les universités allemandes lui semblent des universités modèles. Elle leur consacre le chapitre XVIII de la première partie. « Tout le nord de l'Allemagne est rempli d'universités les plus savantes de l'Europe. » Cependant cet éloge comporte encore une réserve due non pas tant à l'université qu'au système politique allemand : « L'éducation intellectuelle est parfaite en Allemagne, mais tout s'y passe en théorie : l'éducation pratique dépend uniquement des affaires ; c'est par l'action seule que le caractère acquiert la fermeté nécessaire pour se guider dans la conduite de la vie. » (*ibid.*, p. 137) Il y a cependant à cela un avantage : « En Allemagne, le génie philosophique va plus loin que partout ailleurs, rien ne l'arrête, et l'absence même de carrière politique, si funeste à la masse, donne encore plus de liberté aux penseurs. » (*ibid.*) Le parallèle dans ce chapitre se fait plutôt entre l'Angleterre et l'Allemagne. Les élèves des universités anglaises, plus aristocratiques, peuvent devenir des hommes d'État d'une vaste culture ; les étudiants allemands, au contraire, n'ont pas l'occasion de se lancer dans la vie publique ; mais les universités allemandes sont plus ouvertes : « La foule des étudiants qui se réunissaient à Gœttingue, Halle, Iéna, etc. formaient presque un corps libre dans l'État : des écoliers riches et pauvres ne se distinguaient entre eux que par leur mérite personnel. » (*ibid.*, p. 138)

Parmi les images de l'Allemand que Mme de Staël a diffusées et qui ont cours encore de nos jours : celle de l'Allemand travailleur infatigable, puits de science et d'érudition. « Ce qu'on appelle étudier en Allemagne est vraiment une chose admirable : quinze heures par jour de solitude et de travail. » (*De l'Allemagne*, GF, t. I, p. 120) « La puissance du travail et de la réflexion est aussi un des traits distinctifs de la nation allemande. » (*ibid.*, p. 57) L'évocation du système éducatif allemand est l'occasion pour Mme de Staël de dénoncer les illusions de l'éducation faite en s'amusant, proposée par certains pédagogues français de la fin du XVIIIe siècle : « L'éducation faite en s'amusant disperse la pensée [...] l'esprit de l'enfant doit s'accoutumer aux efforts de l'étude, comme notre âme à la souffrance. Le perfectionnement du premier âge tient au travail, comme le perfectionnement du second à la douleur. » (*ibid.*, p. 141)

Le mysticisme

Un autre aspect de l'image-type de l'Allemand que propose Mme de Staël réside en la propension au mysticisme. À la différence du *Génie du Christianisme*, *De l'Allemagne* n'est pas un livre d'apologétique et même si l'on y sent des sympathies pour la religion réformée, ce livre n'est pas un « Génie du protestantisme ». Toute la quatrième partie est consacrée à « La religion et l'enthousiasme ». Ce sous-titre lui-même est instructif : ce n'est pas tant la théologie et le dogme qui intéressent Mme de Staël mais la force du sentiment que la religion suscite. « Dieu sensible au cœur », c'est bien là un des aspects de ce renouveau religieux qui se manifeste avec des tendances diverses au début du XXe siècle.

Amoureuse de la diversité, Mme de Staël apprécie aussi dans les terres germaniques la variété des tendances religieuses ; si elle consacre un chapitre au protestantisme, un au catholicisme, un au culte des frères moraves, elle se réjouit cependant de voir un sentiment religieux plus général l'emporter sur les discussions théologiques. « Pendant longtemps on s'est occupé [...] de l'examen de dogmes du christianisme ; mais depuis vingt ans, depuis que les écrits de Kant ont fortement influé sur les esprits, il s'est établi dans la manière de concevoir la religion une liberté et une grandeur qui n'exigent ni ne rejettent aucune forme de culte en particulier, mais qui font des choses célestes le principe dominant de l'existence. » (*De l'Allemagne*, t. II, p. 237) Le mysticisme allemand ne se limite pas au seul domaine religieux ; il envahit aussi le sentiment de l'amour ou celui de la nature. « L'amour est une religion en Allemagne. » (*ibid.*, t. I, p. 66)

La quatrième partie est un vibrant éloge de l'enthousiasme qu'à la différence de certains philosophes, Mme de Staël distingue nettement du fanatisme. « Le fanatisme est une passion exclusive dont une opinion est l'objet ; l'enthousiasme se rallie à l'harmonie universelle : c'est l'amour du beau, l'élévation de l'âme, la jouissance du dévouement, réunis dans un même sentiment qui a de la grandeur et du calme. Le sens de ce mot chez les Grecs en est la plus noble définition : l'enthousiasme signifie *Dieu en nous*. En effet, quand l'existence de l'homme est expansive elle a quelque chose de divin. » (*De l'Allemagne*, GF, t. II, p. 301)

La littérature allemande

Quand on considère ce tableau de la littérature allemande que donne Mme de Staël, on est frappé par la prédominance du théâtre par rapport au roman et même à la poésie. Mme de Staël est passionnée de théâtre (cf. *supra*, 2ᵉ partie, chap. I) ; elle joue elle-même sur la scène de Coppet ; pendant ses voyages en Allemagne, elle a été une spectatrice assidue de spectacles donnés dans les cours princières et dans des théâtres plus populaires. Enfin la place donnée au théâtre a une signification à la fois politique et esthétique : le théâtre s'adresse à une collectivité, c'est là que le peuple acquiert une sorte de cohérence et d'unité. Au point de vue esthétique, c'est, comme nous avons eu l'occasion déjà de le rappeler à propos de *De la littérature*, au théâtre que se prépare la bataille romantique.

Le parallèle France/Allemagne se poursuit sans injustice flagrante : « Tout ce qui se rapporte à l'action, à l'intrigue, à l'intérêt des événements, est mille fois mieux combiné, mille fois mieux conçu chez les Français, tout ce qui tient au développement des impressions du cœur, aux orages secrets des passions fortes, est beaucoup plus approfondi chez les Allemands. » (*De l'Allemagne*, t. I, p. 162) Le théâtre allemand n'est pas soumis comme le théâtre français à la tyrannie des unités et de la versification ; c'est essentiellement une leçon de liberté que les Français doivent en retenir. Il ne s'agit pas de copier le théâtre allemand, mais d'y puiser un élan vers la liberté et le renouveau : « Des combinaisons étrangères peuvent exciter des idées nouvelles ; et quand on voit de quelle stérilité notre littérature est menacée, il me paraît difficile de ne pas désirer que nos écrivains reculent un peu les bornes de la carrière : ne feraient-ils pas bien de devenir à leur tour conquérants dans l'empire de l'imagination ? » (*ibid.*, t. I, p. 259)

On peut trouver que la part faite au roman et à la poésie, en revanche, est un peu mince ; les analyses de *Werther* ne sont pas sans intérêt, mais elles ne sont certes pas une révélation pour les Français d'alors. Curieusement, Mme de Staël juge Jean-Paul Richter trop exclusivement allemand. « On trouve cependant des beautés admirables dans les ouvrages de J.-Paul ; mais l'ordonnance et le cadre de ses tableaux sont si défectueux, que les traits de génie les plus lumineux se perdent dans la confusion de l'ensemble. » (*De l'Allemagne*, t. II, p. 50-51). Il revient cependant à Mme de Staël le mérite d'avoir donné une traduction du « Songe » qui va avoir une influence déterminante sur le romantisme français.

On a reproché à *De l'Allemagne* des imprécisions, des lacunes. L'expression « la nouvelle école littéraire » utilisée par Mme de Staël « est une expression imprécise qui ne distingue pas toujours le Sturm und Drang, le groupe de Weimar et la nouvelle génération romantique : ainsi, Kleist, Arnim, Hölderlin, Creuzer, Görres sont-ils omis » (S. Balayé, *Mme de Staël. Lumières et liberté, op. cit.*, p. 162). Confusions et omissions peuvent s'excuser par le fait que Mme de Staël est pionnière et que pour les écrivains les plus récents, elle manque de recul et d'information. Son interprétation de Kant a été aussi contestée. Il est évident qu'elle a tendance à projeter dans ses analyses des écrivains allemands les idées et les thèmes qui lui sont chers ; elle s'engage pleinement dans son sujet. *De l'Allemagne* est à la fois un brûlot contre Napoléon, contre le néoclassicisme, contre une conception étroite des dogmes religieux, c'est-à-dire contre tout ce qui contrecarre l'élan vers la liberté sans quoi il ne peut y avoir de politique valable, de religion authentique ni de littérature digne de ce nom.

Un « manifeste romantique »

On peut effectivement trouver dans *De l'Allemagne* les principaux chevaux de bataille du romantisme : lutte contre la tyrannie des règles et du goût, refus d'une théorie des genres littéraires cloisonnés. Les chapitres sur le théâtre contiennent déjà l'essentiel du *Racine et Shakespeare* de Stendhal ou de la préface de *Cromwell* de Hugo. Le chapitre XI de la deuxième partie s'intitule « De la poésie classique et de la poésie romantique », et apporte une définition du mot romantique, intéressante, puisque l'histoire même de ce mot est significative. Par rapport à l'emploi qu'en font Rousseau et même Senancour dans *Oberman* (1804), neuf ans plus tôt, on constate une nette évolution. Chez Rousseau le mot s'appliquait essentiellement à des paysages sauvages (les rives du lac de Bienne par exemple). Chez Senancour, quoiqu'encore lié à un paysage (celui de la haute montagne suisse), le mot a pris une connotation plus vaste et plus philosophique : est romantique ce qui suscite la nostalgie, le regret d'un ailleurs, l'aspiration vers l'idéal. Ni chez Rousseau, ni chez Senancour le mot ne peut désigner une école littéraire qui n'existe pas encore. Elle n'est pas non plus vraiment constituée en 1810-1813. La référence au monde germanique donne cependant au mot une signification plus précise et plus historique chez Mme de Staël : « Le nom de *romantique* a été introduit nouvellement en Allemagne pour désigner la poésie dont les chants des troubadours ont été l'origine, celle qui est née de la chevalerie et du christianisme. » (*De l'Allemagne*, GF, t. I, p. 211) On sent poindre, derrière l'opposition staëlienne des littératures du midi classiques et des littératures germaniques romantiques, une autre antithèse : la distinction stendhalienne entre le classicisme de nos arrière-grands-pères et le romantisme, art de la modernité : « La poésie classique doit passer par les souvenirs du paganisme pour arriver jusqu'à nous : la poésie des Germains est l'ère chrétienne des beaux-arts : elle se sert de nos impressions personnelles pour nous émouvoir : le génie qui l'inspire s'adresse immédiatement à notre cœur, et semble évoquer notre vie elle-même comme un fantôme le plus puissant et le plus terrible de tous. » (*De l'Allemagne*, GF, t. I, p. 214)

Lumières et enthousiasme

Mme de Staël consacre le chapitre XI de la quatrième partie à « l'influence de l'enthousiasme sur les lumières », ce qui l'amène à proposer une intéressante synthèse entre philosophie des Lumières et romantisme, pris cette fois-ci dans son acception la plus vaste. La situation politique française post-révolutionnaire explique le fait que chez beaucoup d'écrivains la renaissance des premières années du XIXe siècle est liée à une rupture avec la philosophie du siècle précédent. En Allemagne cette rupture n'avait pas de raison d'être et le *Sturm und Drang* n'a pas à rejeter la philosophie des Lumières ; le sujet dont elle traite, mais aussi ses convictions personnelles et sa situation entre deux siècles amènent Mme de Staël à proposer une synthèse.

L'importance de ce chapitre est affirmée dès les premières lignes : « Ce chapitre est à quelques égards le résumé de tout mon ouvrage, car l'enthousiasme étant la qualité vraiment distinctive de la langue allemande, on peut juger de l'influence qu'il exerce sur les lumières d'après les progrès de l'esprit humain en Allemagne. » (*ibid.*, t. II, p. 305) Mme de Staël emploie ici le mot « lumières » dans un sens plus vaste que celui de philosophie des Lumières et le mot d'enthousiasme n'est pas exactement synonyme de romantisme ; néanmoins cette articulation entre Lumières et enthousiasme est fondamentale pour comprendre comment Mme de Staël opère une synthèse entre le XVIIIe siècle qui n'était pas incapable d'enthousiasme — que l'on songe à Diderot parmi tant d'autres — et le XIXe qui ne renonce pas à la rationalité, loin de là : « Les philosophes que l'enthousiasme inspire sont peut-être ceux qui ont le plus d'exactitude et de patience dans leurs travaux. » (*ibid.*, t. II, p. 305)

Le chapitre suivant et dernier est intitulé « Influence de l'enthousiasme sur le bonheur ». Mme de Staël reprend une notion particulièrement chère au XVIIIe siècle (cf. R. Mauzi, *L'Idée de bonheur au XVIIIe siècle*, 1960), mais qu'elle entend purifier de ses scories : « Depuis près d'un siècle surtout on l'a placé dans des plaisirs si grossiers, dans une vie si égoïste, dans des calculs si rétrécis, que l'image même en est profanée. » (*De l'Allemagne*, t. II, p. 309) Tout ce chapitre est un vibrant éloge de l'enthousiasme, source de bonheur et source d'inspiration. Les hommes « ont-ils l'idée du sublime bonheur de la pensée quand l'enthousiasme l'anime ? Savent-ils de quel espoir l'on se sent pénétré quand on croit manifester par le don de l'éloquence une vérité profonde, une vérité qui forme un généreux lien entre nous et toutes les âmes en sympathie avec la nôtre ? » (*ibid.*, p. 311) Mme de Staël poursuit sa démonstration dans d'autres domaines, en particulier la musique : « Y a-t-il de la musique pour ceux qui ne sont pas capables d'enthousiasme ? » (*ibid.*, p. 313)

On voit que l'enthousiasme est un facteur commun entre la création et la réception de l'œuvre. Indispensable au génie, il l'est aussi au simple lecteur ou auditeur pour pouvoir véritablement pénétrer dans l'œuvre.

Critique et création

L'œuvre critique de Mme de Staël est donc importante, mais on ne saurait l'opposer à son œuvre de création romanesque, car pour elle il existe un lien profond entre critique et création. D'une façon assez semblable à la méthode critique de Charles Du Bos ou de Georges Poulet qui justement a fort bien étudié la « pensée critique » de Mme de Staël, elle entend l'acte critique comme une fusion avec l'acte du créateur. « La prise de conscience critique est donc l'union avec un être privilégié et ressemble à l'idée que Mme de Staël se fait de l'amour, identification avec le monde de l'aimé, qui conduit à un élargissement infini. » (S. Balayé, *Mme de Staël. Lumières et liberté, op. cit.*, p. 163) Cette identification du critique et du créateur se fait grâce à l'enthousiasme : c'est de lui qu'est née l'œuvre, c'est par lui que le critique pénètre l'œuvre. Il s'agit d'une critique de sympathie, et non d'une critique de jugement. Critique aveugle ? Certes non, car Mme de Staël choisit d'écrire uniquement sur les œuvres qu'elle aime, et n'entreprend pas de juger les autres. Elle a commencé par un hommage à Jean-Jacques Rousseau, sa dernière grande œuvre critique est consacrée à l'Allemagne. Cette critique d'identification n'exclut pas, nous l'avons vu, une certaine lucidité, la lucidité de qui sait voir les défauts de l'être aimé, sans pour autant l'aimer moins.

Il ne s'agit pas non plus d'une critique vague et impressionniste. Elle repose sur de solides connaissances, sur une vraie recherche. Il y a dans *De l'Allemagne* des erreurs, des omissions, nous l'avons dit, mais nous avons montré aussi l'énorme travail que Mme de Staël avait accompli. Elle se tient au courant des dernières découvertes : « On vient de retrouver un poème épique intitulé les *Nibelungs*, et composé dans le treizième siècle. » (*De l'Allemagne*, GF, t. I, p. 170) Le réseau d'amitié que nous avons évoqué, les voyages, une masse de lectures, l'apprentissage de la langue prouvent le sérieux de ce travail préalable, qui semble même s'être poursuivi parallèlement à la rédaction. Corinne est poète et savante, à la fois ; aussi est-elle une excellente introductrice à la littérature italienne comme Mme de Staël l'est ici à la littérature allemande.

À côté de Corinne le comte d'Erfeuil représente la critique de persiflage, et son incapacité à comprendre une œuvre étrangère. Ce qu'il dit de la littérature italienne est marqué par un préjugé français dont il ne peut sortir ; aussi n'y comprend-il rien. « Pourquoi les Français ne rendent-ils pas justice à la littérature allemande ? » (titre du chapitre I de la seconde partie) Pour la même raison : parce que refusant d'abandonner leur point de vue étroitement français, ils prétendent juger.

Le chapitre XXXI de la seconde partie de *De l'Allemagne* est consacré à la critique et plus particulièrement à Schlegel qui donne à Mme de Staël l'occasion de définir ce qu'est pour elle la critique véritable. Elle a suivi à Vienne son cours public. « Je n'attendais que de l'esprit et de l'instruction dans des leçons qui avaient l'enseignement pour but ; je fus confondue d'entendre un critique éloquent comme un orateur, et qui, loin de s'acharner aux défauts, éternel aliment de la médiocrité jalouse, cherchait seulement à faire revivre le génie créateur. » (*De l'Allemagne*, GF, t. II, p. 71) « On peut comparer la manière de W. Schlegel, en parlant de poésie, à celle de Winkelmann, en décrivant les statues, et c'est ainsi seulement qu'il est honorable d'être un critique ; tous les hommes de métier suffisent pour enseigner les fautes ou les négligences qu'on doit éviter : mais après le génie, ce qu'il y a de plus semblable à lui, c'est la puissance de le connaître et de l'admirer. » (*ibid.*, t. II, p. 72) Découvrir le génie, refaire avec lui le parcours créateur, mais en « sens inverse » dira Charles Du Bos, c'est-à-dire en remontant de l'œuvre achevée jusqu'au foyer d'enthousiasme dont elle est née : telle doit être la mission du critique.

Cette fusion entre critique et création pourrait expliquer une caractéristique de l'œuvre de Mme de Staël : cette circulation permanente entre les deux registres. Un roman comme *Corinne* est aussi une œuvre critique sur la littérature italienne, et on aurait tort d'être choqué par les longues dissertations sur cette littérature qui prennent place dans ce roman. Inversement *De l'Allemagne* n'est pas uniquement une œuvre critique ; sans être un roman, il est largement un récit de voyage et l'autobiographie d'une découverte. Une découverte qui se fait d'abord dans la souffrance et l'arrachement, le passage du Rhin est le passage dans l'autre monde. « J'étais, il y a six ans, sur les bords du Rhin, attendant la barque qui devait me conduire à l'autre rive ; le temps était froid, le ciel obscur, et tout me semblait un présage funeste. » (*ibid.*, t. I, p. 115) Toutes les initiations reproduisent symboliquement le passage par la mort. Quelques pages plus loin, les fêtes d'Interlaken représentent l'arrivée dans une sorte de paradis, austère, pur et primitif. « Le jour de la fête le temps était doux, mais nébuleux ; il fallait que la nature répondît à l'attendrissement de tous les cœurs [...] Jamais un aspect plus riant ne put annoncer une fête ; mais quand les regards s'élevaient, des rochers suspendus semblaient, comme la destinée, menacer les humains au milieu de leurs plaisirs. Cependant s'il est une joie de l'âme assez pure pour ne pas provoquer le sort, c'était celle-là. » (*ibid.*, t. I, p. 153)

Conclusion
Madame de Staël européenne et le groupe de Coppet

Une Européenne

On pourrait dire que chaque œuvre de Mme de Staël se donne pour mission d'explorer un ou plusieurs pays européens, même lorsqu'il n'affiche pas aussi clairement sa couleur que *De l'Allemagne*. *Delphine*, c'est essentiellement la France de l'Ancien Régime confrontée à la Révolution avec quelques aperçus sur l'Espagne et sur l'Angleterre. Si *Delphine* pourrait être sous-titré « ou la France », *Corinne*, elle, a bien pour sous-titre effectivement *ou l'Italie*, mais on a vu la place qu'y tient aussi l'Écosse ; et la France, représentée par d'Erfeuil, n'en est pas absente. *De la littérature* donne une large place au parallèle France/Angleterre, ouvre quelques perspectives sur l'Allemagne que Mme de Staël ne connaît pas encore très bien ; *De l'Allemagne* systématise le parallèle France/Allemagne, sans pour autant s'interdire des considérations sur les universités anglaises, sur l'ouverture de l'Angleterre à la littérature allemande, sur Shakespeare. Enfin *Dix années d'exil*, en relatant le vaste parcours de Mme de Staël sur la carte de l'Europe, ouvre sa réflexion sur la Russie, les pays baltes, les pays scandinaves. Mme de Staël n'est pas allée en Grèce et ne connaît pas la Grèce moderne qui alors dominée par les Turcs n'est plus, n'est pas encore une nation, mais elle possède une forte culture antique et quoique se plaçant dans le camp des Modernes, elle donne à la littérature grecque une place importante, en particulier elle lui consacre quatre forts chapitres de *De la littérature* et ne l'oublie pas dans *Corinne* dont l'héroïne tire son nom d'une contemporaine de Pindare. Ce large empan géographique se double d'une ambition chronologique tout aussi vaste, d'Homère à nos jours, sans négliger le Moyen Âge qu'il s'agisse du *Nibelungenlied* ou de nos troubadours. Certes elle passe parfois un peu vite à notre gré ; elle ne peut approfondir l'analyse de tant de pays et de tant d'époques. On ne peut cependant se défendre d'admirer une vue aussi largement européenne à un moment historique particulièrement important. L'Europe des monarchies et des Lumières à prédominance française est en train de s'effondrer, au profit d'une autre Europe qui sera celle des nationalités : on n'oubliera pas que le mot « nationalité » a justement été inventé dans l'entourage de Mme de Staël, à Coppet (cf. S. Balayé, *Mme de Staël. Écrire, lutter, vivre*, Droz, 1994, p. 326).

Pour nous qui vivons une nouvelle mutation de l'Europe, la lecture de Mme de Staël est riche d'enseignements. Elle peut nous apprendre en effet comment se concilient, mieux, comment se fortifient réciproquement le sentiment d'une unité et celui d'une différence. On trouverait difficilement un auteur qui ait davantage une conscience européenne, le désir de penser large, le refus de s'enfermer dans l'espace franco-français, et en même temps le respect des spécificités, des particularités : d'où cette surabondance de parallèles qui structurent non seulement chacun de ses textes, mais l'ensemble de son œuvre. Il ne faut pas voir dans l'art du parallèle un simple jeu rhétorique ; ce jeu est très sérieux : il s'agit de montrer des différences, des autonomies, qu'il ne faut pas effacer, mais respecter dans une compréhension réciproque. Une littérature peut renouveler les sources d'inspiration d'une autre littérature et la libérer des modèles classiques, à condition qu'il ne s'agisse pas d'une simple imitation qui serait une nouvelle forme de servitude.

Coppet

Ce caractère européen de l'œuvre de Mme de Staël s'est incarné dans sa vie même non seulement grâce à ses voyages, mais grâce à ce point fixe, à ce point de ralliement que fut Coppet. Ce château suisse devint vite un foyer de culture européenne autour de la forte personnalité de son hôtesse, dans un échange permanent. Si le groupe de Coppet doit tout à Mme de Staël sans qui il n'eût pas existé, elle doit aussi beaucoup à ses amis de toutes nationalités qu'elle sut réunir autour d'elle. Dans l'histoire des groupes littéraires, le groupe de Coppet tient une place à part qui correspond à une mutation de société. Quoiqu'il tienne de la tradition des salons d'Ancien Régime, il n'est pas un salon à la façon des grandes salonnières du XVIIIe siècle : la Révolution est passée par là ; nous ne sommes plus chez Mme de Lambert, chez Mme de Tencin, ou même chez Julie de Lespinasse. Le groupe de Coppet, ce n'est pas non plus le Cénacle romantique ni le salon de Stéphane Mallarmé, encore moins un groupe avant-gardiste, tel qu'en constitueront les surréalistes ou les dadaïstes. L'originalité de Coppet tient non seulement à la personnalité de Mme de Staël, mais à sa situation historique entre deux siècles, et géographique, près de Genève dans ce qui alors peut apparaître comme le centre de l'Europe.

L'originalité de Coppet tient aussi aux fortes personnalités qui s'y sont rencontrées, parfois confrontées. On ne saurait en nommer que quelques-unes et d'ailleurs, avec S. Balayé (*Mme de Staël. Écrire, lutter, vivre, op. cit.*, p. 321 *sq.*), on fera remarquer qu'il y eut en fait plusieurs états du « groupe de Coppet » et d'abord une préhistoire que constituerait le salon parisien de Mme de Staël. À partir de 1792, Coppet devient le lieu idéal. C'est l'exil dû d'abord à la Terreur, puis à Napoléon qui « donnera à ce salon parisien son importance internationale » (*ibid.*, p. 323). À partir de 1794, Benjamin Constant, Bonstetten, Meister font partie du groupe ; les deux derniers appartenant à la Suisse allemanique s'y joignent. En 1798, l'Allemand Wilhelm von Humboldt ; en 1800, Sismondi ; en 1804, Schlegel, pour ne citer que les plus fidèles. L'apogée se situerait dans les années 1805-1810 ; c'est alors que « naissent les grands ouvrages qui vont ouvrir la France à une nouvelle littérature [...] ; *Corinne*, *Comparaison des deux Phèdre*, le traité *De l'imagination* de Bonstetten, le *Tableau de la littérature française au XVIIIe siècle* de Barante, le *Walstein* de Constant, le *Cours de littérature dramatique* de Schlegel, *De la littérature du Midi de l'Europe* de Sismondi, *De l'Allemagne* enfin » (*ibid.*, p. 324). L'activité européenne du groupe de Coppet s'exerce aussi grâce à la traduction. Nous avons vu l'importance de celles que contient *De l'Allemagne* ; nous venons d'évoquer l'adaptation de *Walstein* par Constant qui la fit précéder d'une préface capitale ; Schlegel traduit Shakespeare et Calderón.

Peut-on caractériser l'idéologie du groupe de Coppet ? Il n'y a pas d'uniformité à l'intérieur de ce groupe, pas plus que dans l'Europe : « Montmorency sera ultra, Constant député libéral » ; mais « La lutte contre l'Empereur fait l'unanimité dans le groupe. Prosper de Barante lui-même, pourtant préfet, ne cache pas dans ses lettres à Mme de Staël son hostilité au régime. Montmorency entre dans l'opposition catholique. Coppet devient peu à peu un des grands foyers de la lutte. » (*ibid.*, p. 333-334) Ce qui fait l'unité du groupe de Coppet, c'est le respect de la liberté, en littérature comme en politique. Dans le domaine religieux, il existe aussi entre les différents membres des nuances, et plus que des nuances, mais d'une façon générale non seulement le respect de la croyance, mais l'intérêt passionné pour le phénomène religieux et même des tendances au mysticisme. Aussi est-ce dans ce groupe de Coppet que s'opère le plus profondément cette jonction si riche entre Lumières et romantisme que nous avons déjà signalée chez Mme de Staël. Si les écrivains qui constituent ce groupe refusent l'ironie sarcastique de Voltaire devant les « superstitions », ils refusent tout autant l'obscurantisme, et veulent demeurer fidèles au message de liberté, de libre examen (d'autant que beaucoup d'entre eux sont d'origine protestante) et de lumière que leur ont transmis les Philosophes du siècle précédent.

Vie de Madame de Staël

1766, 22 avril : naissance à Paris d'Anne-Louise Germaine Necker, fille de Jacques Necker, banquier, et de Suzanne Curchod.

1768 : début de la carrière politique de Necker, nommé ministre de la république de Genève auprès du roi de France.

1769 : Necker devient directeur de la Compagnie des Indes.

1776, avril-juin : voyage en Angleterre de Germaine avec ses parents.

1777, juin : Necker est nommé directeur général des Finances.

1778 : visite à Voltaire de Germaine et de sa mère.

1781 : Necker publie son *Compte rendu au Roi* et doit démissionner.

1783 : été en Suisse. Projet de mariage avec William Pitt.

1784 : Necker achète Coppet. Voyage dans le midi la France.

1785 : Germaine tient un journal.

1786 : mariage de Germaine avec M. de Staël, ambassadeur de Suède à Paris. Présentation à la cour.
Germaine écrit *Sophie ou les Sentiments secrets* ; elle commence les *Lettres sur Rousseau*.

1787 : naissance de Gustavine qui vivra à peine deux ans. Germaine compose *Jane Gray*.

1788 : Necker publie *De l'importance des opinions religieuses*.
Fin août : rappel de Necker aux Finances.
Début de la liaison de Germaine et du comte Louis de Narbonne. Publication des *Lettres sur les ouvrages et le caractère de J.-J. Rousseau*.

1789 : ouverture des États généraux. Renvoi puis rappel triomphal de Necker.

1790 : attaques de la presse royaliste.
Germaine écrit un *Éloge de M. de Guibert*.
Naissance d'Auguste de Staël.
Démission de Necker, et départ pour la Suisse. Séjour à Coppet.

1791 : article de Germaine dans *Les Indépendants*. Narbonne nommé ministre de la Guerre.

1792 : renvoi de Narbonne. Mme de Staël sauve plusieurs de ses amis (Narbonne, Jaucourt, Lally-Tollendal). Avec Malouet et Narbonne, elle propose un plan d'évasion de la Reine qui ne sera pas suivi.
Naissance d'Albert de Staël.

1793 : séjour en Angleterre dans le Surrey, avec des émigrés. Germaine écrit *De l'influence des passions*. Retour à Coppet. Germaine rencontre Ribbing. Séjour près de Nyon.
Publication des *Réflexions sur le procès de la Reine*.

1794 : publication de *Zulma*, nouvelle.
Mort de Mme Necker.
18 septembre : Germaine rencontre Benjamin Constant.

1795 : publication des *Réflexions sur la paix*.
Publication du *Recueil de morceaux détachés* qui contient l'*Essai sur les fictions*.
M. de Staël reçu officiellement par la Convention. Retour de Germaine et de Benjamin à Paris. Germaine publie une profession de foi républicaine, mais préfère ne pas publier ses *Réflexions sur la paix intérieure*.
Hiver à Coppet, avec B. Constant.

1796 : mandat d'arrêt contre Mme de Staël si elle revient en France.
Publication de *De l'influence des passions*.
Séjour chez B. Constant à Hérivaux.

1797 : naissance d'Albertine de Staël. Coup d'État de Bonaparte auquel Mme de Staël et Constant sont d'abord favorables.

1798 : retour en Suisse ; les armées françaises envahissent le pays de Vaud.
Rédaction *Des circonstances actuelles qui peuvent terminer la Révolution*.

1799, décembre : B. Constant nommé au Tribunat par Sieyès.

1800 : colère de Bonaparte contre B. Constant.
Publication de *De la littérature*.

1800 : Mme de Staël obtient sa séparation d'avec M. de Staël.

1801 : Sismondi à Coppet.

1802 : B. Constant exclu du Tribunat.
Conspiration de Moreau et de Bernadotte à laquelle Mme de Staël s'associe.
Mort de M. de Staël.
Publication de *Delphine*.

1803 : ordre d'exil à quarante lieues de Paris.
Départ pour l'Allemagne avec Benjamin Constant (25 oct.). À Metz, ils rencontrent Charles de Villers ; projet d'écrire des « Lettres sur l'Allemagne ». Francfort, Weimar (où elle rencontre Goethe et Schiller).

1804 : A.-W. Schlegel accepte de devenir précepteur des enfants de Mme de Staël.
Mort de Necker. Retour à Coppet.

Publication par Germaine de Staël des *Manuscrits de M. Necker* précédé « Du caractère de M. Necker et de sa vie privée ». Bonstetten publie en français son *Voyage sur la scène des six derniers livres de l'Énéide* ; Sismondi entreprend une *Histoire des républiques italiennes*.
11 décembre : départ pour l'Italie avec Schlegel. Sismondi les rejoint. À Milan, elle rencontre le poète Monti.

1805 : Rome, Naples. Florence, Venise, Milan.
Retour à Coppet ; vie mondaine et intellectuelle brillante. Germaine rencontre Prosper de Barante et commence *Corinne*.

1806 : à Auxerre (château de Vauxcelles), puis à Rouen.
Constant commence *Adolphe* et avoue à Mme de Staël sa liaison avec Charlotte de Hardenberg.
Au château d'Acosta (près de Meulan), elle achève *Corinne*. Constant lit *Adolphe* à Mme de Staël.

1807 : publication des *Républiques italiennes* de Sismondi.
Publication de *Corinne* ; grand succès et vives attaques.
Été à Coppet. On s'occupe beaucoup de théâtre. Mme de Staël écrit *Geneviève de Brabant*. Constant entreprend la traduction de *Walstein*. Schlegel publie la *Comparaison entre la Phèdre d'Euripide et celle de Racine*.
Décembre : nouveau voyage en terres germaniques avec Schlegel. Hiver à Vienne. Schlegel donne son *Cours de littérature dramatique* (mars).
Dresde. Weimar.
B. Constant épouse secrètement Charlotte.
Retour à Coppet. Mme de Staël commence *De l'Allemagne*.
Séjours à Coppet de Mme de Krüdener et de Zacharias Werner.

1809 : publication du *Tableau de la littérature française du XVIIIe siècle* par Barante, de *Walstein* par Constant.
Publication par les soins de Mme de Staël de *Lettres et pensées du prince de Ligne*.
Hiver à Coppet.

1810 : renforcement de la censure napoléonienne. Mme de Staël à Blois (château de Chaumont) attend les épreuves de *De l'Allemagne*. Savary, duc de Rovigo, ministre de la police sur les instances de Napoléon, ordonne de détruire les épreuves et le manuscrit *De l'Allemagne*.
Genève. Rencontre de John Rocca.

1811 : Schlegel met un jeu d'épreuves de *De l'Allemagne* en sécurité à Vienne.
Germaine commence *Dix années d'exil*, écrit *Sapho*, entreprend *Richard cœur de Lion*.

1812 : naissance de Louis-Alphonse Rocca, fils de Mme de Staël et de John Rocca.
Mme de Staël part pour l'Angleterre par Vienne, Saint-Pétersbourg, Stockholm.
Plusieurs mois à Stockholm ; elle commence les *Considérations sur la Révolution* et la deuxième partie de *Dix années d'exil*.

1813 : publication des *Réflexions sur le suicide*.
Séjour en Angleterre.
Albert de Staël est tué dans un duel.

Parution de *De l'Allemagne* en français à Londres (chez Murray).
Mme de Staël agent de liaison avec Bernadotte.

1814, 6 avril : abdication de Napoléon.
Édition parisienne de *De l'Allemagne* (chez Nicolle).
Mme de Staël, de retour à Paris, se rallie aux Bourbons sans enthousiasme.

1815 : Napoléon débarque à Golfe Juan. Mme de Staël va à Coppet.
Elle se rallie à nouveau aux Bourbons après les Cent-Jours.
Séjour en Italie avec Schlegel et Rocca malade.

1816 : *De l'esprit des traductions*. À Pise, mariage d'Albertine avec le duc de Broglie.
Publication d'*Adolphe* à Londres.
Mme de Staël épouse en secret Rocca.

1817 : mort de Mme de Staël.

1820 : édition des *Œuvres complètes* (Treuttel et Würtz).

Bibliographie

Œuvres de Mme de Staël

Œuvres complètes de Madame la Baronne de Staël-Holstein, publiées par son fils, 17 vol., Treuttel et Würtz, 1820-1821.
Œuvres complètes, œuvres posthumes, Genève, Slatkine reprints, 1967.
De l'Allemagne, éd. par la comtesse de Pange avec le concours de S. Balayé, 4 vol., coll. « Grands écrivains de France », Hachette, 1958-1960.
De l'Allemagne, éd. par S. Balayé, 2 vol., GF, Flammarion, 1968.
Des circonstances actuelles qui peuvent terminer la Révolution, éd. par L. Omacini, Genève, Droz, 1979.
Considérations sur la Révolution française, présenté et annoté par J. Godechot, Tallandier, 1983.
Corinne ou l'Italie, prés. par S. Balayé, Folio, Gallimard, 1985 (reproduit la 3e éd.).
Delphine, éd. par S. Balayé et L. Omacini, 2 vol., Genève, Droz, 1987-1990.
Dix années d'exil, éd. par S. Balayé et M. Vianello Bonifacio, Fayard, 1996.
Lettres sur les ouvrages et le caractère de J.-J. Rousseau, préf. M. Françon, Genève, Slatkine reprints, 1979.
De la littérature considérée dans ses rapports avec les institutions sociales, éd. par P. Van Tieghem, Droz-Minard, 1959.
De la littérature, éd. par J. Goldzink et G. Gengembre, GF, Flammarion, 1991.
Œuvres de jeunesse, éd. par S. Balayé et J. Isbell, Desjonquières, 1997.

Correspondance

Correspondance générale, éd. par B.W. Jasinski, 6 vol. publiés (1793-1809), J.-J. Pauvert, puis Hachette, puis Klincksieck, 1960 et suivantes.
Lettres à Benjamin Constant, éd. par Nolde et P.L. Léon, Kra, 1928.
Lettres... à Narbonne, éd. par G. Solovieff, Gallimard, 1960.
Lettres à Madame Récamier, éd. par E. Beau de Loménie, Domat, 1952.
Lettres à Ribbing, éd. par S. Balayé, Gallimard, 1960.
Mme de Staël, Charles de Villers, B. Constant, *Correspondance*, éd. par K. Kloocke, Frankfurt am Main, P. Lang, 1993.

Études sur Mme de Staël

Andlau (B.), *La Jeunesse de Mme de Staël*, Genève, Droz, 1970.

Balayé (S.), *Les Carnets de voyage de Mme de Staël, contribution à la genèse de ses œuvres*, Genève, Droz, 1971.

Madame de Staël. Lumières et liberté, Klincksieck, 1979.

Madame de Staël. Écrire, lutter, vivre, Droz, 1994.

« *Corinne* et la presse parisienne en 1807 », *Mélanges J. Fabre, Approches des Lumières*, Klincksieck, 1974, repris in *Mme de Staël. Écrire, lutter, vivre*.

« Les manuscrits de Mme de Staël », in *Sortir de la Révolution*, coll. « Manuscrits modernes », P.U. Vincennes, 1994.

Blennerhassett (L), *Madame de Staël et son temps, 1766-1817*, 3 vol., Westhausser, 1887, trad. 1890.

Didier (B), « Le paysage chez Mme de Staël », *R.H.L.F.*, janvier 1966.

Escarpit (E.), *L'Angleterre dans l'œuvre de Mme de Staël*, Didier, 1954.

Herold (J.-Ch.), *Germaine Necker de Staël*, trad. M. Maurois, Plon, 1962.

Levaillant (M.), *Une amitié amoureuse, Madame de Staël et Madame Récamier*, Hachette, 1956.

Omacini (L.), « La Genèse de *Delphine* ou l'autre du texte », in *Sortir de la Révolution*, coll. « Manuscrits modernes », P.U. Vincennes, 1994.

Pange (Ctsse J. de), *A.-G. Schlegel et Madame de Staël*, Albert, 1938.

Madame de Staël et la découverte de l'Allemagne, Malfère, 1929.

Pellegrini (C.), *Madame de Staël e il gruppo di Coppet*, 2e éd., Bologne, Patron, 1974.

Poulet (G), « La pensée critique de Madame de Staël », *La Conscience critique*, Corti, 1971.

Sainte-Beuve, *Madame de Staël*, prés. M. Allem, Garnier frères, 1932.

Solovieff (S.), *Madame de Staël*, Choix de textes, thématique et actualité, Klincksieck, 1974.

Collectifs

Cahiers staëliens 1962 et suiv., Société des Amis de Mme de Staël, diffusion Klincksieck.

Occident et Cahiers staëliens (1930-38).

Colloques de Coppet (*Mme de Staël et l'Europe*, Klincksieck, 1970).

Europe, janv.-fév. 1987.

Revue d'Histoire littéraire de la France, janv.-mars 1966.

Ouvrages généraux

Dictionnaire du XIXe siècle européen, dir. M. Ambrière, P.U.F., 1997.

Bénichou (P.), *Le Sacre de l'écrivain*, Corti, 1973.

Didier (B.), *Littérature française, XVIIIe siècle, 1778-1820*, Arthaud, 1976.

Gusdorf (G.), *Fondements du savoir romantique*, Payot, 1982.

Monglond (A.), *Le Préromantisme français*, 2 vol., rééd. Corti, 1966.

Raimond (M.), *Le Roman depuis la Révolution*, A. Colin, 1981.

Table des matières

Introduction   3

Première Partie
Madame de Staël, l'Histoire et son histoire   5

Necker et l'Ancien Régime 6
La Révolution 12
Napoléon Bonaparte
Considérations sur la Révolution française. Dix années d'exil 19
L'écriture du moi avec et sans masque 27

Deuxième partie
L'expérience de la fiction   35

Tentations poétiques et théâtrales. Premières nouvelles 36
Un roman par lettres : *Delphine* 41
Un roman à la troisième personne : *Corinne* 64

Troisième partie
Une réflexion généraliste sur la littérature   77

L'*Essai sur les fictions* 78
De la littérature 81
De l'Allemagne 92

Conclusion
Madame de Staël européenne et le groupe de Coppet   109

Vie de Madame de Staël   113

Bibliographie   117

Dépôt légal octobre 1999